Indice

I0467933

1 Risk Tolerance e Risk Appetite

Nell'ambito dell'Enterprise Risk Management (ERM) esistono ad oggi diverse fonti autorevoli che danno delle definizioni delle c.d. "Risk Tolerance" e "Risk Appetite".

Intendendo come rischio come un qualsiasi evento aleatorio che introduce volatilità nel raggiungimento degli obiettivi di un'impresa; le due grandezze di cui sopra vogliono essere lo strumento da utilizzare nell'attività di gestione del rischio, ma la prima cosa che si può notare cominciando ad approcciare questi temi è che enti diversi danno indicazioni molto differenti tra di loro su come utilizzare e definire i due concetti e che per ognuna delle definizioni proposte si possono trovare dei forti punti deboli che le rendono difficilmente utilizzabili nell'attività pratica di gestione del rischio in azienda.

Uno degli obiettivi fondamentali di questa pubblicazione è quello di trovare una nuova definizione, nel contesto di un nuovo modello, dei concetti che stanno dietro le parole "Risk Tolerance" e "Risk Appetite" in modo da renderle fruibili da chi si trova a svolgere attività di ERM; intesa come misura, analisi e miglioramento dello stato di rischio aziendale, orientato alla creazione di valore.

1.1 Differenti versioni del risk appetite

Tra le principali autorità in materia di ERM è noto il COSO[1] che definisce Risk Appetite:

> *"Risk appetite is the amount of risk, on a broad level, an organization is willing to accept in pursuit of value. Each organization pursues various objectives to add value and should broadly understand the risk it is willing to undertake in doing so."*

Si evidenzia immediatamente la mancanza di un punto di vista preciso, nel parlare di volontà dell'organizzazione di accettare rischi, dove l'organizzazione è una realtà in cui convivono stakeholder differenti ed ognuno di loro avrà un'avversione al rischio differente.

---

[1] COSO (Committee of Sponsoring Organizations of the Treadway Commission) is a joint initiative of five private sector organizations and is dedicated to providing thought leadership through the development of frameworks and guidance on enterprise risk management (ERM), internal control, and fraud deterrence.

Una rilevante differenza tra la volontà di assumere rischi può sussistere tra il consiglio di amministrazione, il management operativo e gli shareholder. Gli shareholder stessi, qualora fossero più di uno, possono avere una volontà di assumere rischi molto diversa tra loro. Un piccolo azionista può essere meno propenso a rischiare rispetto all'azionista di riferimento che ha una parte attiva nella gestione dell'azienda.

Andrebbe inoltre specificato il concetto di accettazione del rischio; se esistesse un limite di accettabilità andrebbe capito cosa succederebbe dopo il superamento di questo limite, per lo shareholder potrebbe significare la potenziale necessità di un aumento di capitale oppure la perdita di attrattività dell'investimento e la conseguente volontà di uscirne, mentre per il top management potrebbe essere il limite oltre il quale il board riterrebbe la gestione non di sufficiente valore con la conseguenza di una potenziale estromissione.

Lo stesso ente fornisce anche un concetto di Risk Tolerance che dovrebbe lavorare sinergicamente al precedente rappresentando la declinazione del Risk Appetite ad uno specifico set di obiettivi:

"The acceptable level of variation relative to achievement of a specific objective, and often is best measured in the same units as those used to measure the related objective. In setting risk tolerance, management considers the relative importance of the related objective and aligns risk tolerances with risk appetite. Operating within risk tolerances helps ensure that the entity remains within its risk appetite and, in turn, that the entity will achieve its objectives."[2]

In sostanza, mentre il Risk Appetite è un concetto ampio, la Risk Tolerance è un concetto tattico ed operativo che deve essere implementato dalle unità organizzative. Si dice anche che la Risk Tolerance comunica lungo tutta l'organizzazione un grado di flessibilità mentre l'Appetite definisce il limite concettuale oltre il quale non dovrebbe essere assunto ulteriore rischio.

Operativamente la Risk Tolerance si traduce nella definizione di soglie di variazione su gli obiettivi di

---

[2] COSO, Enterprise Risk Management — Integrated Framework, p. 20.

riferimento che dovrebbero mantenere coerenza con gli statement relativi al Risk Appetite.

Nel tentativo di utilizzare nella pratica questo concetto di Risk Tolerance ci si scontra spesso sulla capacità di allineare queste soglie sugli scostamenti dai risultati attesi ad una definizione dell'Appetite che risulta troppo generica per essere affrontata con un approccio univoco da tutti i portatori d'interesse nell'impresa.

Il COSO riporta alcuni esempi della relazione tra gli appetite statement (che possono essere molti in una stessa azienda) e le relative Risk Tolerance; se per esempio ci si immagina un Risk Appetite statement definito come segue:

"The organization has a higher risk appetite related to strategic objectives and is willing to accept higher losses in the pursuit of higher returns."3

Ovviamente l'espressione precedente esprime in linguaggio naturale la necessità di un equilibrio tra rischio e

---

3COSO, ERM-Understanding Communicating Risk Appetite, p. 14.

rendimento atteso al quale potrebbe essere associata una Risk Tolerance scritta come segue:

> *"While we expect a return of 18% on this investment, we are not willing to take more than a 25% chance that the investment leads to a loss of more than 50% of our existing capital."*

Discutere con la proprietà o col management queste soglie su probabilità ed impatto a partire dall'appetite non è di certo agevole, soprattutto perché ci si va necessariamente a scontrare le differenti visioni ed interessi di ciascun attore, con il risultato non infrequente che è molto difficile per qualcuno prendere una posizione definitiva a meno che non sia nelle condizioni di imporre il proprio punto di vista ed i propri interessi.

Trattare la Risk Tolerance come una soglia non permette un confronto agevole tra i diversi possibili Risk Profile[4] che rimangono all'interno della soglia stessa anche se possono

---

[4] COSO, (The current level and distribution of risks across the entity and across various risk categories) ERM-Understanding Communicating Risk Appetite, p. 4.

avere performance molto diverse in termini di rischio e rendimento.

Per comprendere meglio questo concetto si consideri, con riferimento allo statement di Risk Tolerance precedente, che un investimento *A*, con rendimento atteso k = 21% ed una probabilità di perdita oltre la metà del capitale investito P(Loss>=50%) = 24%, potrebbe risultare non distinguibile, secondo un concetto di soglia, da un investimento *A'* con rendimento atteso k' = 19% ed una probabilità di perdita oltre la metà del capitale investito P'(Loss>=50%) = 21%.

Tra le autorità maggiormente riconosciute nel campo dell'ERM esiste l'IRM (Institute of Risk Management) che nondimeno fornisce le definizioni di Risk Appetite come:

> *"Amount and type of risk that an organization is prepared to seek, accept or tolerate"*[5]

5: Consultation Paper - Institute of Risk Management May 2011, p. 14.

Legata al Risk Appetite viene definita, sempre da IRM, la Risk Tolerance come segue:

> *"While risk appetite is about the pursuit of risk,*
> *risk tolerance is about what you can bear.*
> *Without a doubt there will be occasions where*
> *an organization can bear more risk than it is*
> *thought prudent to pursue, we still remain of*
> *the view that articulating the tolerance is*
> *comparatively simple, while working out what*
> *you wish to pursue is relatively complicated."* [6]

I due concetti espressi da IRM sono dunque profondamente diversi da quelli utilizzati dal COSO e sono addirittura intesi quasi in senso inverso; infatti mentre Risk Appetite per COSO è un concetto più ampio di quello di Risk Tolerance che invece rappresenta un'effettiva definizione di soglie di scostamento dagli obiettivi attesi, secondo IRM è un ammontare di rischio che si ha la volontà di assumere e che quindi si muove entro i limiti della Risk Tolerance che invece è il rischio che l'organizzazione ha la capacità di sopportare.

6: Consultation Paper - Institute of Risk Management May 2011, p. 16.

Anche nel caso di IRM la possibilità di utilizzare operativamente queste definizioni presenta delle complessità.

Identificare il Risk Appetite, ovvero rischio che si vuole assumere, come una soglia è in qualche modo strano visto che un investitore razionale è pronto ad assumere un rischio soprattutto in base al rendimento atteso che quel rischio comporta ed ipotizzare un limite univoco che spieghi esaustivamente la volontà dell'azienda non può essere rappresentativo per tutte le casistiche. In effetti un'organizzazione, agendo secondo la volontà dello shareholder e degli altri stakeholder, potrebbe essere interessata ad assumere un rischio maggiore della soglia a fronte di una remunerazione crescente, da cui si deriva che per spiegare la volontà dell'organizzazione servono due variabili il rischio ed il rendimento.

Il concetto di Risk Tolerance di IRM si riferisce invece al rischio che può essere sopportato dall'impresa, ma la soglia di sopportazione dovrebbe essere un limite oltre il quale dovrebbe succedere un evento irreversibile per lo stakeholder considerato, dal punto di vista del CEO potrebbe essere l'estromissione o per lo shareholder di riferimento potrebbe essere un evento che porti alla necessità di un incremento di capitale. In mancanza di un chiarimento su cosa s'intende per sopportazione nonché su quale punto di vista si stia considerando, le definizioni proposte da IRM risultano poco agevolmente utilizzabili sul piano pratico.

2 Arrivare ad uno strumento fruibile

A partire dalle considerazioni dei paragrafi precedenti si cercherà di dare una visione due concetti di Risk Appetite e Risk Tolerance più pragmatica e soprattutto più integrata con il resto delle di performance solitamente utilizzate in azienda, in modo da renderli utilizzabili nell'attività di ERM che dovrebbe consistere nel misurare, analizzare e migliorare il risk profile aziendale. Tramite un complesso di definizioni e modelli maggiormente funzionali si cercherà di arrivare alla definizione di un sistema di misura che presenta anche diversi legami con le più utilizzate tecniche di valutazione d'impresa.

2.1 Superare il concetto di soglia per tolerance ed appetite

Come detto, uno dei passaggi fondamentali per arrivare ad un sistema di misura fruibile è capire quale stakeholder è più idoneo considerare nell'impostare un sistema di gestione del rischio d'impresa.

Naturalmente esistono alcuni punti di vista interessanti, ma nel seguito del lavoro si prenderà in considerazione la posizione dell'azionista di riferimento che può in qualche modo essere il principale cliente dell'attività di ERM essendo il soggetto che, prima di ogni altro, sostiene il rischio e la volatilità legata ai profitti dell'impresa direttamente sul valore di mercato e finanziario del proprio capitale.

Va precisato che tutto il ragionamento fin qui fatto ed anche ciò che seguirà è incentrato sulle imprese orientate al profitto, mentre la gran parte delle osservazioni e dei modelli potrebbe perdere di validità per associazioni senza fini di lucro, enti pubblici od imprese con finalità sociali.

Pensando a quale potrebbe essere un concetto di Risk Tolerance idoneo per l'azionista di riferimento si potrebbe dettagliare meglio il concetto generale di soglia di sopportazione, come:

"La Risk Tolerance è quel rischio di scostamento dai risultati attesi oltre al quale lo shareholder principale deciderebbe di uscire dall'investimento perché non più attrattivo". (Def. 2.1-A)

In altre parole ha senso dire in qualsiasi situazione che ci si trova oltre il livello di sopportazione di un soggetto, se lo stesso sceglie di uscirne. Di conseguenza nella fase iniziale dell'analisi va identificato, idealmente con lo shareholder o comunque coi soggetti che lo rappresentano, quale situazione reale potrebbe essere oltre il limite di sopportazione effettivo. Nel caso reale il principale azionista potrebbe ritenere di uscire dall'investimento, ad esempio, se si verificasse uno scostamento nei risultati tale da implicare l'incapacità dell'azienda di autosostenersi nel qual caso uno statement di Risk Tolerance potrebbe diventare:

"Uno scostamento dei risultati che comporti la necessità di un incremento di capitale porterebbe all'uscita dall'investimento dello shareholder principale; quindi è considerato oltre la Risk Tolerance". (Def. 2.1-B)

La definizione non può essere comunque considerata completa, infatti se la Risk Tolerance è un limite di rischio non accettabile, va specificato uno statement di tolerance che includa due variabili, ovvero, oltre allo scostamento non accettabile dei risultati inteso come effetto del possibile manifestarsi del rischio, dovrebbe essere specificata anche una probabilità di accadimento dello scostamento stesso. Ciò porta ad un tolerance statement fatto come segue:

"Una volatilità dei risultati aziendali che comporti la necessità di un incremento di capitale non previsto nell'anno con una probabilità superiore al p%, porterebbe all'uscita dall'investimento dello shareholder principale; quindi è considerata oltre la Risk Tolerance". (Def. 2.1-C)

Risulta intuitivo, infatti, che non ha senso parlare di evento rischioso se non si include la probabilità e quindi l'aleatorietà con qui esso può accadere.

Non è immediato, nemmeno per lo shareholder stesso, definire la propria soglia di sopportazione del rischio, specialmente se espressa in due variabili di probabilità ed impatto.

Per formalizzare praticamente questo limite potrebbe essere utile pensare prima all'impatto, ovvero allo scostamento limite in termini di risultato atteso che porti l'azionista ad uscire dall'investimento, ed in seconda battuta alla probabilità con cui si può accettare che lo stesso possa accadere. Non tutti gli investitori potrebbero essere disposti ad accettare la stessa probabilità di accadimento anche a parità di impatto limite; se l'azionista ha investito la gran parte del proprio patrimonio nell'impresa in questione, un evento che implichi l'abbandono dell'investimento con probabilità pari al 20% potrebbe essere non accettabile poiché statisticamente si manifesterà un anno su cinque. Invece un fondo che ha partecipazioni anche in altri business e che comunque avrebbe intenzione dopo un periodo, ad esempio di tre anni, di vendere la propria partecipazione massimizzando il valore di vendita, una probabilità del 20% potrebbe risultare accettabile.

In altre parole, a parità di capacità di sopportare uno scostamento negativo dei risultati, esiste comunque una probabilità di accadimento di tale evento che è oltre il livello di tolleranza dell'azionista e tale probabilità può essere legata al grado di diversificazione degli investimenti dell'azionista stesso ed al suo orizzonte temporale di pianificazione in azienda.

Anche introducendo quest'ultima definizione:

"Una volatilità dei risultati aziendali che comporti la necessità di un incremento di capitale non previsto nell'anno con una probabilità superiore al p%, porterebbe all'uscita dall'investimento dello shareholder principale; quindi è considerata oltre la Risk Tolerance". (Def. 2.1-C) .

permane il problema di confrontare le diverse possibili situazioni di rischio e rendimento che comunque rimangano all'interno della soglia di sopportazione Risk Tolerance definendo il risk appetite.

Anche ora non è immediato identificare il Risk Appetite come un limite assoluto di rischio che l'organizzazione vuole perseguire; soprattutto perché è noto che un agente economico razionale è caratterizzato da un'avversione al rischio che lo porta a richiedere rendimenti attesi maggiori a fronte di investimenti più rischiosi. Quanto detto significa che non è possibile definire a priori quanto rischio sia pronto a correre lo shareholder se non è valutato anche il profitto atteso dall'investimento. Un investitore potrebbe ragionevolmente preferire uno stato di rischio aziendale più volatile ed anche oltre il Risk Appetite, se definito come soglia, qualora a questo corrispondesse una remunerazione sufficientemente elevata, sempre eventualmente rimanendo entro il limite di Risk Tolerance *(Def.* 2.1-A*)*.

Tutti i ragionamenti fatti porteranno alla necessità di introdurre nel seguito un nuovo concetto di risk tolerance per la taratura di un modello di misurazione delle performance di risk management utile a confrontare efficacemente tra loro profili di rischio diversi ed a valutare le prestazioni delle iniziative strategiche di gestione del rischio.

2.2   Il sistema di misura

Si potrebbe ricondurre quindi il sistema di misura per il risk management ad una funzione di due variabili ovvero rischio e rendimento, occorre però adesso specificare quali sono le unità di misura più idonee di rischio e rendimento atteso.

Sul piano del rendimento, si può dire che lo shareholder basi le proprie scelte su variabili che definiscano il valore dell'impresa o titolo da egli posseduto.

Tra i riferimenti più utilizzati per la valutazione finanziaria d'impresa è noto il FCFE[7] (Free Cash Flow to Equity), esso rappresenta un'approssimazione dei dividendi potenziali ossia dell'ammontare che, in teoria, le imprese potrebbero pagare in termini di dividendi.

Essendo un parametro fondamentale per la determinazione del valore per l'azionista, è possibile prendere FCFE come un buon parametro per sintetizzare il risultato di un'impresa orientata al profitto, soprattutto dal punto di vista dell'azionista di riferimento.

---

7 Aswath Damodaran - Applied corporate finance.

Come specificato da COSO, spesso la miglior unità misura del rischio è la stessa degli obiettivi sui quali il rischio potenzialmente potrebbe insistere, ai fini di questo lavoro servirà quindi passare da un concetto di valore puntuale ad un concetto di distribuzione di valori che si assestino in un intervallo di possibili manifestazioni ad esempio dell'FCFE, sulla base del quale si arriverà ad esprimere il legame tra la volatilità di detta distribuzione ed il premio al rischio attribuito dall'investitore.

Uno dei metodi più utilizzati è la simulazione Montecarlo[8] che, se applicata ai risultati attesi applicando un opportuno panel di fattori di rischio può essere utile anche per testare diverse ipotesi sul modello, ripetendo le simulazioni dopo aver introdotto i rischi identificati come input e analizzandone gli effetti sull'output.

Sono disponibili diverse fonti informative, libri, nonché guide online che mostrano percorsi metodologici per

---

[8] Tale simulazione è utilizzata per risolvere numericamente un problema in cui sono coinvolte anche variabili aleatorie, producendo un numero sufficientemente elevato di possibili combinazioni dei valori che le variabili d'ingresso possono assumere ,e, calcolandone il relativo output sulla base delle equazioni del modello e delle distribuzioni di probabilità assegnate alle variabili.

condurre simulazioni verificando le diverse variabili in gioco, per le finalità di questo lavoro non verranno quindi trattate approfonditamente le logiche riguardanti come si conduce questo tipo di analisi per approfondire come sia possibile valutare e gestire il risk profile aziendale anche partendo da tipologie di analisi meno estensive e magari meno impegnative, pur restando ferma la possibilità di utilizzare i risultati di una simulazione come questa nel modello che verrà proposto per valutazione delle prestazioni nella gestione del rischio.

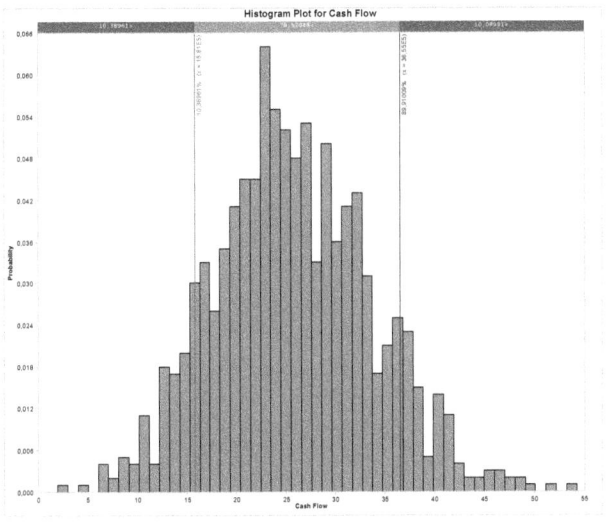

Figura 1: Simulazione Montecarlo che mostra un esempio di distribuzione dei possibili valori di cash flow

2.3 La funzione di utilità

Generalmente si definisce un investitore razionale come avverso al rischio ovvero in sostanza questa persona preferisce a parità di rendimento atteso investire la propria ricchezza in un investimento esposto a minore volatilità.

In altre parole è caratterizzato da una funzione di utilità $U(w)$ tale che:

$$U [E (w)] > E [U (w)]$$

w: è la distribuzione di probabilità che rappresenta la ricchezza.

$E (w)$: è il valore atteso della distribuzione di probabilità della la ricchezza.

Si può anche dire che, per ogni rendimento atteso dato da un investimento rischioso, esiste un valore, detto premio al rischio $R(w)$ che Costituisce la somma certa che un individuo avverso al rischio è disposto a pagare per risultare indifferente tra l'avere con certezza $w_0 + E(w)$ e la distribuzione di probabilità $w_0 + w$:

$$U(w_0 + E(w) - R(w)) = E[U(w_0 + w)]$$

Sarà utile notare che avversione al rischio e concavità della funzione di utilità coincidono nella definizione appena data:

$$U[E(w)] > E[U(w)]$$

Il motivo è dovuto alla cosiddetta disuguaglianza di Jensen. Questa stabilisce che, data una funzione $f(x)$ dove x è una variabile casuale, $f(E(x)) > E[f(x)]$ se e solo se $f(x)$ è una funzione concava. Se $f(x)$ è $U(w)$ otteniamo quindi la definizione di avversione al rischio data in precedenza.

2.4 Coefficiente di avversione e premio al rischio

Per una funzione di utilità concava di un individuo avverso al rischio è molto utilizzato anche il concetto di coefficiente di avversione al rischio. Sostanzialmente esso è una misura della concavità della funzione di utilità tale da renderla indipendente da trasformazioni lineari:

$$\rho(w_0) = -\frac{U''(w_0)}{U'(w_0)}$$

In questo caso si parla di avversione assoluta al rischio perché il rischio entra in forma additiva, $w_0 + w$.

In maniera abbastanza agile è possibile mostrare i tre coefficienti di avversioni al rischio per tre delle più notevoli funzioni utilità.

Nel caso in cui la funzione di utilità sia $U(w) = \sqrt{w}$. Allora, $U'(w) = \frac{1}{2}w^{-\frac{1}{2}}$ e $U''(w) = -\frac{1}{4}w^{-\frac{3}{2}}$ da cui si ricava che il coefficiente di avversione al rischio è:

$$\rho(w_0) = -\frac{U''(w_0)}{U'(w_0)} = -\frac{-\frac{1}{4}w^{-\frac{3}{2}}}{\frac{1}{2}w^{-\frac{1}{2}}} = \frac{1}{2}w^{-1}$$

Invece presa la molto usata funzione di utilità $U(w) = \log(w)$, si ottiene che $U'(w) = w^{-1}$ e $U''(w) = -w^{-2}$. Il coefficiente di avversione al rischio risulta quindi:

$$\rho(w_0) = -\frac{U''(w_0)}{U'(w_0)} = -\frac{-w^{-2}}{w^{-1}} = w^{-1}$$

Il terzo ed ultimo caso notevole che verrà mostrato, e che è fondamentale in diversi tipi di analisi, riguarda la funzione esponenziale $U(w) = -e^{-aw}$, per la quale $U'(w) = ae^{-aw}$ e $U''(w) = -a^2e^{-aw}$. Si ricava facilmente il coefficiente di avversione:

$$\rho(w_0) = -\frac{U''(w_0)}{U'(w_0)} = -\frac{-a^2e^{-aw}}{ae^{-aw}} = a$$

Benché siano tutte rappresentative di un'avversione al rischio, le prime due funzioni di utilità presentano coefficienti di avversione assoluta al rischio che dipendono in maniera inversamente proporzionale dalla ricchezza iniziale dell'investitore ovvero l'avversione decresce all'aumentare della ricchezza stessa.

Arrow e Pratt hanno dimostrato che il premio al rischio ed il coefficiente di avversione sono legati dalla seguente relazione:

$$R(w) \cong \frac{\sigma_w^2}{2} \rho(w)$$

1: Approssimazione del premio al rischio di Arrow e Pratt

Dove σ_w^2 rappresenta la varianza, o scarto quadratico medio, della ricchezza vista come variabile aleatoria.

Nella relazione è presente un simbolo di approssimazione poiché è stata ottenuta facendo uso dell'espansione in serie di Taylor.

Secondo Arrow e Pratt vale quindi la relazione:

$$CE(w) = E[w] - R(w)$$

Secondo cui esiste un valore $CE(w)$ detto equivalente certo della funzione di utilità che, in caso di investimento rischioso, coincide con il valore di rendimento certo che genera la stessa utilità per l'investitore rispetto al primo investimento rischioso.

Per un qualsiasi investitore razionale l'equivalente certo è minore del valore atteso ed in particolare è uguale al valore atteso sottratto del premio al rischio.

2.5 Il criterio media-varianza

L'espansione di Taylor utilizzata per ottenere la 1, viene valutata nell'intorno di $E[w]$ e si ferma al secondo ordine, considerando quindi solo i primi due momenti della distribuzione w, ovvero la media e la varianza. La funzione di utilità prende potrebbe essere sviluppata su tutti i momenti della distribuzione ed in questo contesto assume particolare importanza la valutazione del trade-off tra rischio e rendimento secondo il cosiddetto criterio di media-varianza, che utilizza esclusivamente i primi due momenti della distribuzione.

Sì può dimostrare come il portafoglio ottimo determinato col metodo media-varianza ed il portafoglio che ha maggiore utilità attesa coincidono solo nel caso in cui si usi una funzione di utilità quadratica del tipo:

$$U(w) = w - \frac{\theta}{2}w^2$$

2: Espressione della funzione di utilità quadratica

Il modello media varianza è tra i più popolari ed utilizzati no solo in finanza anche grazie ai lavori di (Markowitz, 1959) e (Tobin, 1958) che ne fanno uso per affrontare problemi di selezione del portafoglio e di conseguenza tutti le teorie che si basano sui loro lavori come il Capital Asset Pricing Model (Sharpe, 1964). Il modello ha il pregio di descrivere una grandezza aleatoria secondo due variabili che sono esattamente i primi due momenti della distribuzione ovvero media e varianza e si può quindi mostrare ogni variabile aleatoria sul piano rischio rendimento. Il criterio è formalmente definito come:

$$w_i \succcurlyeq w_j \Longleftrightarrow \begin{cases} \sigma_i^2 < \sigma_j^2 \ and \ E[w_i] \geq E[w_j] \\ or \\ \sigma_i^2 \leq \sigma_j^2 \ and \ E[w_i] > E[w_j] \end{cases}$$

3: Criterio media-varianza

Per preferire a w_j è condizione necessaria ma non sufficiente che abbia almeno lo stesso rendimento atteso ma con meno rischio oppure un maggior rendimento atteso a parità di rischio, mentre non può essere detto nulla riguardo alle preferenze nel caso in cui w_i presenti sia rendimento atteso che varianza superiori a w_j.

Si dimostra che in accordo l'approssimazione di Arrow-Pratt la misura di avversione al rischio, nel caso di funzione di utilità quadratica, diventa:

$$\rho(w) = -\frac{\vartheta}{1 + \vartheta E[w]}$$

Concentrandosi su individui avversi al rischio si deve assumere ragionevolmente che l'utilità marginale sia positiva, dove si può dimostrare che:

$$E[w] < -\frac{1}{\vartheta}$$

In altre parole per valori attesi elevati l'utilità marginale può diventare negativa contraddicendo il requisito della monotonicità. Il risultato sembra irragionevole, ma può essere evitato se lo si riesprime diversamente dicendo che l'avversione al rischio deve essere sufficientemente bassa da rendere significativa la valutazione tramite la funzione.

Si può riscrivere l'espressione dell'utilità attesa, dimostrando che è funzione solo di media e varianza.

$$E[U(w)] = E[w + \vartheta w^2] = E[w] + \vartheta(E[w]^2 + \sigma_w^2)$$

6: Utilità attesa per funzione quadratica, dipendente solo da media e varianza

Graficamente le curve di indifferenza della funzione di utilità quadratica è descritta da un fascio di parabole con un punto di massimo oltre il quale, come già detto, l'utilità marginale diviene negativa e si può dimostrare inoltre che in caso di funzione di utilità quadratica, il criterio media-varianza è ottimale ovvero rappresenta le reali preferenze dell'investitore.

2.6 Remunerazione del rischio

Le strategie identificate sono a questo punto l'oggetto delle decisioni che il management dovrà prendere ed avrà quindi bisogno di un supporto e di un sistema di valutazione delle priorità nell'implementazione.

Il tema principale è trovare un indicatore che permetta di valutare la strategia integrando nel contempo l'effetto della riduzione di volatilità ovvero il miglioramento del risk profile nonché della funzione di utilità e che lo confronti con il costo di implementazione dell'azione stessa e quindi il suo effetto sul risultato atteso aziendale.

In questo percorso di creazione di un sistema di misura si deve introdurre un concetto di benchmark poiché nel contesto di una valutazione, che non potrà essere assoluta ma deve essere relativa, ci si riferisce alle performance che un investimento ha, non in senso generale, bensì rispetto ad un altro che viene preso come "calibro" per il confronto. Dato un investitore deve valere quindi il seguente sistema:

$$\begin{cases} R_a = E[w_a] - CE_a \\ R_b = E[w_b] - CE_b \end{cases}$$

Dove R_a ed R_b sono i due valori di premio al rischio della funzione di utilità, rispettivamente uno per l'asset oggetto dell'analisi ed uno per il benchmark usato come confronto, mentre CE_a e CE_b rappresentano i due equivalenti certi della funzione di utilità. Le due condizioni devono essere vere insieme dato che parliamo dello stesso investitore, da cui le due equazioni a sistema possono essere divise membro a membro.

$$\frac{R_a}{R_b} = \frac{E[w_a] - CE_a}{E[w_b] - CE_b}$$

Si deve però supporre che

$$R_b \neq 0 \, , \; E[w_b] - CE_b \neq 0$$

In altre parole significa che si sta parlando di prendere un benchmark che sia un investimento rischioso per poter fare un confronto con l'asset che è anch'esso un investimento rischioso, ipotesi comunque ragionevole perché valutare le performance di un investimento rischioso confrontandolo con uno risk free perderebbe di significatività.

Sostituendo R_a ed R_b con l'approssimazione di Arrow e Pratt. Possiamo dire che,

$$R_a \cong \frac{\sigma_a^2}{2}\rho(w) \qquad \text{e} \qquad R_b \cong \frac{\sigma_b^2}{2}\rho(w)$$

Da cui,

$$\frac{R_a}{R_b} = \frac{\sigma_a^2}{\sigma_b^2} = \frac{E[w_a] - CE_a}{E[w_b] - CE_b}$$

Che può essere riscritta come,

$$CE_a - \frac{\sigma_a^2}{\sigma_b^2}CE_b = E[w_a] - \frac{\sigma_a^2}{\sigma_b^2}E[w_b]$$

La domanda a questo punto è se è possibile introdurre delle ipotesi ragionevoli rispetto ai risultati che ci si aspetta dall'asset sul rendimento atteso $E[w_a]$.

Sicuramente è ragionevole cercare di capire quando l'asset ha performance almeno buone quanto il benchmark in termini di equivalente certo della funzione di utilità CE_a imponendolo maggiore o uguale di quello del benchmark CE_b. Ovvero:

$$CE_a \geq CE_b$$

Da cui è possibile dire che:

$$CE_b \leq CE_a = E[w_a] - \frac{\sigma_a^2}{\sigma_b^2} E[w_b] + \frac{\sigma_a^2}{\sigma_b^2} CE_b$$

Allo stesso modo si può ipotizzare che l'equivalente certo CE_b sia almeno maggiore o uguale del rendimento degli investimenti privi di rischio presenti sul mercato. Questa seconda ipotesi non è strana visto che CE_b rappresenta le performance del benchmark, non avrebbe significatività infatti per l'azionista valutare le prestazioni dell'asset confrontandolo con un investimento in cui egli stesso non entrerebbe preferendo un investimento privo di rischio, Si può scrivere quindi che:

$$CE_b \geq rf$$

Da cui:

$$rf \leq CE_b \leq \left(E[w_a] - \frac{\sigma_a^2}{\sigma_b^2} E[w_b] \right) \left(\frac{1}{1 - \frac{\sigma_a^2}{\sigma_b^2}} \right)$$

Esplicitando il valore atteso dell'asset $E(w_a)$ si può ottenere la seguente:

$$E[w_a] \geq rf + \frac{\sigma_a^2}{\sigma_b^2} (E[w_b] - rf)$$

7: Valore minimo di rendimento richiesto per l'asset w_a.

In sostanza la nella sua espressione a destra identifica il rendimento atteso minimo che viene richiesto dall'investitore nel confronto tra w_b a w_a rispetto ai diversi profili di rischio associati ai due asset.

3 Scelta del benchmark e costo del capitale

La definizione di un rendimento minimo per l'investimento rischioso ottenuta nel paragrafo precedente è in questo lavoro alla base della valutazione delle prestazioni nella gestione del rischio che si traduce in un confronto tra i diversi stati di rischio ottenibili tramite l'introduzione di nuove strategie o la revisione di strategie esistenti. Si vedrà in questa sezione come l'effetto di queste strategie si traduce in una revisione del costo del capitale per l'azionista ed i conseguenti effetti sul valore d'impresa.

3.1 Benchmark accettabili

Nel capitolo precedente è stata introdotta un'ipotesi sull'equivalente di rendimento certo del titolo o portafoglio preso come benchmark ed il rendimento privo di rischio disponibile come riferimento, è stato detto quindi che per un generico investitore il benchmark w_b è accettabile se :

$$CE(w_b) \geq rf$$

8: Ipotesi di efficacia del benchmark

Dove CE è l'equivalente certo dell'investimento benchmark w_b ed rf è il rendimento dei titoli risk free nel periodo. L'ipotesi introdotta si interpreta come imporre una scelta razionale e significativa del benchmark per l'investitore, avrebbe infatti poco senso il valutare le performance dell'asset usando come calibro per il confronto un titolo rischioso da cui l'investitore preferirebbe uscire in favore di un investimento privo di rischio. Se si accettasse quanto sopra significherebbe che avrebbe più senso usare come metro di misura rf che però è caratterizzato da varianza nulla e porterebbe ad un confronto non significativo con un ipotetico asset rischioso.

Cercando di approfondire i risvolti legati all'introduzione di detta ipotesi, si può partire dalla relazione:

$$CE(w_b) = E[w_b] - R(w_b)$$

Dove $E[^{w_b}]$ è il valore atteso dell'investimento incerto e $R(w_b)$ è il premio al rischio richiesto dall'investitore per l'investimento ^{w_b}.

Mettendo a sistema l'espressione precedente con l'approssimazione di Arrow e Pratt già discussa:

$$R(w_b) \cong \frac{\sigma_b^2}{2}\rho(w_b)$$

Si ottiene che:

$$CE(w_b) = E[w_b] - \frac{\sigma_b^2}{2}\rho(w_b)$$

Dalla quale, applicando la 8, si ottiene:

$$E[w_b] \geq rf + \frac{\sigma_b^2}{2}\rho(w_b)$$

9: Soglia di accettabilità del rendimento del benchmark

L'interpretazione a questo punto può anche essere che l'investitore debba avere un'avversione al rischio sufficientemente piccola per evitare che il benchmark perda di significatività, esplicitando, quindi, l'avversione al rischio:

$$\rho(w_b) \leq \frac{2(E[w_b] - rf)}{\sigma_b^2}$$

10: Limite di avversione al rischio nella scelta del benchmark

L'espressione ricavata evidenzia che esiste un limite superiore al valore di avversione al rischio che identifica l'avversione di quell'investitore per il quale diventa preferibile scegliere il rendimento certo rf uscendo dall'investimento incerto e può essere anche rimaneggiata ricordando che la risk tolerance è l'inverso dell'avversione al rischio, nella seguente:

$$\tau(w_b) = \frac{1}{\rho(w_b)} \geq \frac{\sigma_b^2}{2(E[w_b] - rf)}$$

11: Limite inferiore di risk tolerance nella scelta del benchmark.

Secondo lo stesso ragionamento fatto per la 10 si ricava il limite minimo di tolleranza al rischio che deve caratterizzare l'investitore perché il benchmark non perda di significatività.

Nel modello proposto non esiste quindi il concetto di risk tolerance inteso come soglia di rischiosità che l'impresa è in grado di sopportare, ma diventa un'indicazione di come il benchmark scelto diventa potenzialmente rappresentativo per gli ipotetici investitori. Per quanto riguarda invece lo stato di rischio non vengono proposti concetti di soglia o limiti alla variabilità, ma ne vengono esplicitati gli effetti della variabilità sul rendimento minimo richiesto dall'azionista. Si affronterà in seguito come l'effetto della variabilità sul rendimento minimo possa incidere sulla creazione di valore dell'impresa per l'azionista.

Si può alternativamente interpretare la parte a destra dell'espressione 10 come un indicatore di performance del benchmark in termini di rendimento prodotto per unità di rischio. Si nota infatti la somiglianza con un ben noto indicatore pensato da William Sharpe che mette in relazione secondo una ratio molto simile il rendimento prodotto per unità di rischio.

$$Sharpe\ Ratio = \frac{(E[w_b] - rf)}{\sigma_b}$$

12: Formula dello Sharpe Ratio

Lo Sharpe Ratio valuta al denominatore il rendimento differenziale tra i titoli risk free e l'asset, fatto salvo un fattore moltiplicativo pari a due che si vede nell'espressione 12. A differenza invece della 12, dove si usa come misura di rischio la varianza del titolo, il rischio viene identificato dalla deviazione standard ovvero dalla radice quadrata della varianza.

Il comportamento dei due indicatori è molto simile nella ratio di ciò che vogliono esprimere, essendo anche espressi dalle stesse componenti, in effetti sì dà però un peso al rischio espresso in termini di varianza piuttosto che di deviazione standard.

Il benchmark scelto dovrà avere sufficienti performance in termini di rischio e rendimento perché sia accettabile dal generico investitore e si evince che più le performance sono elevate più l'investitore dovrà essere avverso al rischio perché valuti come inaccettabile il benchmark.

3.2   Costo del capitale modificato

Si può pensare di utilizzare l'espressione 7 come approssimazione del COE (Cost Of Equity), con tutti i possibili ragionamenti sul valore dell'impresa che possono derivarne e che saranno affrontati anche nel seguito.

$$COE_{RA} = rf + \beta_s\big(E[w_b] - rf\big)$$

13: Nuova espressione costo del capitale risk-adjusted modificato

Anche per questa valutazione del COE modificato si deve, quindi, far fronte a due tipici problemi legati al valore del costo del capitale:

- ✓ *Scegliere un benchmark idoneo d'investimento da usare per confronto.*
- ✓ *Stimare il coefficiente β_s specifico per l'investimento e per l'investitore.*

Nella formula del CAPM si utilizza solitamente il portafoglio di mercato come benchmark, ipotizzando che esso rappresenti un portafoglio efficiente in termini di media-varianza (Markowitz, 1959), sono state però mosse diverse critiche al CAPM sul piano dei possibili errori nella scelta del benchmark per la valutazione (Roll, 1980).

Sapendo che il vero portafoglio di mercato non è osservabile in quanto dovrebbe contenere tutti gli asset disponibili anche detenuti da privati per fungere da benchmark, Roll conclude nel suo lavoro che il CAPM non è testabile empiricamente e che qualsiasi test del modello equivale, tautologicamente, a testare l'efficienza in termini di media-varianza dell'indice preso come benchmark. Nonostante ciò nella relazione proposta nel CAPM, che rimane molto utilizzata, i benchmark proposti sono solitamente utilizzati come strumento di misura delle performance di un titolo o di un portafoglio di investimenti.

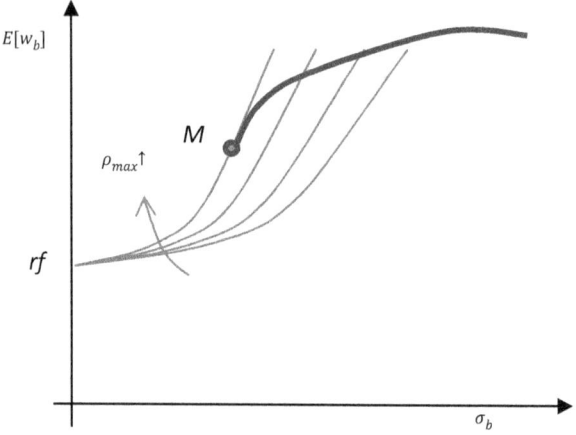

Figura 2: Scelta del benchmark massimizzando il limite di avversione   e l'accettabilità.

Il benchmark scelto non ha rappresentatività se il coefficiente di avversione dell'investitore è tanto elevato da non rispettare la condizione 10, è ovvio che il benchmark che ha la maggiore probabilità di essere efficace per un generico investitore di cui non si conosce a priori l'effettiva avversione, può essere per certi versi il più adatto alla quantificazione del nuovo costo del capitale.

Il problema della ricerca del benchmark che, tra gli investimenti rischiosi disponibili presenta il massimo valore limite di ρ, può essere visualizzato sul piano rischio rendimento in Figura 2 dove, la condizione posta sul valore atteso dalla 9 descrive un fascio di parabole per cui all'aumentare di ρ aumenta la concavità che rimane comunque rivolta verso l'alto poiché l'avversione al rischio assume valori solo positivi. Ciascuna delle parabole del fascio in questione interseca l'asse delle ordinate sul valore rf ed identifica un valore di ρ in base a quale parabola del fascio interseca l'investimento.

Preso il luogo dei portafogli ammissibili è noto il concetto di frontiera efficiente (Markowitz, 1959), che rappresenta l'insieme dei portafogli non dominati secondo il criterio di media e varianza e che delimita uno spazio convesso e si può dimostrare che il punto di intersezione che massimizza il valore di ρ è il portafoglio a minima varianza Z appartenente alla frontiera. Graficamente è facile comprendere che la soluzione è in un singolo punto visto che si tratta dell'incrocio di una struttura concava come la parabola con una convessa come la frontiera efficiente.

Sul piano logico la soluzione non stupisce in quanto, per ritenere non accettabile M, un ipotetico investitore dovrà essere caratterizzato da un'avversione al rischio tanto elevata da portarlo a preferire l'investimento risk-free non solo a *M* stesso, ma anche a qualsiasi altro possibile benchmark esistente.

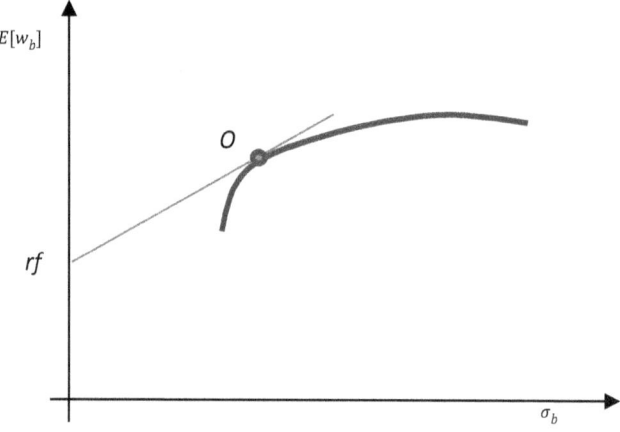

Il portafoglio a minima varianza può quindi essere considerato come il portafoglio di benchmark, secondo un'accezione tuttavia diversa da quella classica che identifica il portafoglio di mercato *O* come il punto di tangenza tra la frontiera efficiente di Markowitz e la CML (Capital Market Line).

In virtù del teorema di separazione (Tobin, 1958) viene introdotto nel modello di portafoglio anche la possibilità di investire in *rf* individuando una nuova frontiera efficiente che comprende la CML e di conseguenza l'individuazione del portafoglio rischioso ottimo è una scelta oggettiva che non dipende dalla propensione al rischio.

Secondo il modello presentato in questo lavoro non sussistono comunque ostacoli nell'utilizzare il portafoglio M sulla CML come benchmark sempre tenendone presente la rappresentatività dal punto di vista dello shareholder.

Si arriva dunque alla relazione di base per tutte le valutazioni successive che definisce il costo del capitale modificato risk-adjusted conseguente alla valutazione del profilo di rischio aziendale.

$$COE_{RA} = rf + \beta_s\big(E[R_m] - rf\big)$$

14 Espressione del costo del capitale calcolabile tramite il coefficiente β_s

Tale valore di COE, tramite il parametro $\beta_s = \dfrac{\sigma_a^2}{\sigma_m^2}$, può essere dell'introduzione di nuove strategie di gestione del rischio o la revisione di strategie esistenti atte a ridurre la volatilità che l'investimento apporta per lo shareholder, verrà quindi approfondito il tipo di relazione che esiste tra questo costo del capitale ed il valore dell'impresa per lo shareholder di riferimento e per farlo si partirà dal confronto con alcuni dei modelli di asset pricing più utilizzati attualmente.

3.3 Confronto con il Capital Asset Pricing Model

Osservando la relazione precedente è inevitabile che questa ricordi il CAPM (Capital Asset Pricing Model) (Sharpe, 1964):

$$E[w_a] = rf + \beta(E[w_m] - rf)$$

15: Relazione del CAPM di Sharpe.

Dove R_m è il rendimento di mercato e come noto $\beta = \dfrac{Cov(w_a, w_m)}{Var(w_m)} = \dfrac{\sigma_{a,m}}{\sigma_m^2}$, il coefficiente beta rappresenta quindi il rischio sistematico e non diversificabile dell'investimento w_a in rapporto alla volatilità del portafoglio di mercato.

Esiste, infatti, una quota di rischio che non può essere abbattuta con la diversificazione che è chiamata rischio sistematico ed è pari alla covarianza del titolo rispetto al mercato.

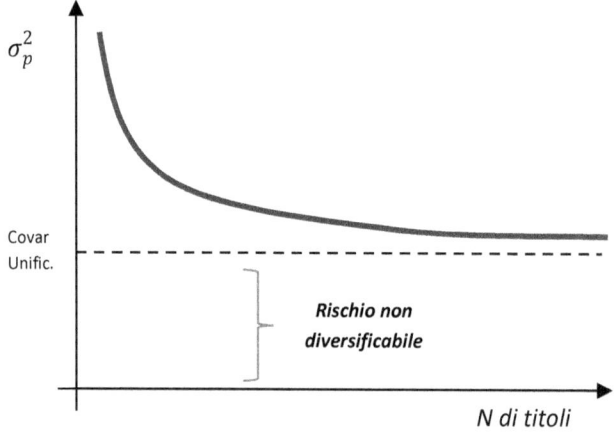

Figura 4: Andamento del rischio in presenza di diversificazione del portafoglio investimenti.

Si dimostra inoltre che la varianza del rendimento di un portafoglio composto da 30 titoli si azzera quasi totalmente il rischio diversificabile; con un portafoglio composto da 15 titoli si elimina per circa l'80% il rischio diversificabile.

Il caso CAPM implica che, per titoli scambiati sul mercato in caso di portafoglio diversificato, gli investitori stabiliscono il costo del capitale per il titolo in oggetto basandosi su quanta volatilità il titolo stesso aggiunge ad un portafoglio diversificato, nel confronto con l'alternativa di investire nel portafoglio di mercato completamente diversificato.

Come scritto, la relazione 14 e la 15 hanno forme molto simili e si può in effetti derivare la seconda a partire dalla prima facendo le stesse ipotesi di portafoglio diversificato. Preso un portafoglio w_p composto da N asset è quindi possibile dire che:

$$E[w_p] = rf + \frac{\sigma_p^2}{\sigma_b^2}(E[w_b] - rf)$$

Dove la parte a sinistra può essere riscritta come:

$$E[w_p] = \sum_{i=1}^{N} x_i E[w_i]$$

16: Rendimento atteso del portafoglio in funzione del rendimento dei titoli

Mentre l'espressione a sinistra diventa:

$$E[w_p] = \sum_{i=1}^{N} x_i rf + \frac{\left(E[w_b] - rf\right)}{\sigma_b^2} \sum_{j=1}^{N}\sum_{k=1}^{N} x_j x_k \sigma_{j,k}$$

17 : Rendimento atteso del portafoglio in funzione della volatilità dei titoli

$$\sum_{i=1}^{N} x_i = 1$$

Dove per entrambe è vero che $\sum_{i=1}^{N} x_i = 1$ ed x_i rappresenta la quota della ricchezza che viene investita nel titolo i.

Usando la 16 si può estrarre quanto il singolo titolo *a* contribuisce al rendimento minimo del portafoglio ed è immediato vedere che il contributo al rendimento minimo del portafoglio legato all'introduzione del titolo è esattamente il rendimento atteso dal titolo:

$$\frac{\partial E[w_p]}{\partial x_a} = E[w_a]$$

18: Contributo al rendimento atteso del portafoglio dettato rendimento dal singolo titolo

Allo stesso modo è possibile, estraendo la derivata, ottenere in che rapporto stanno il contributo al rendimento minimo atteso dal portafoglio e la rischiosità del singolo titolo:

$$\frac{\partial E[w_p]}{\partial x_a} = rf + \frac{\left(E[w_b] - rf\right)}{\sigma_b^2} \sum_{k=1}^{N} x_k \sigma_{a,k} =$$

$$= rf + \frac{\left(E[w_b] - rf\right)}{\sigma_b^2} Cov\left[R_a, \sum_{k=1}^{N} x_k R_k\right] =$$

$$= rf + \frac{\left(E[w_b] - rf\right)}{\sigma_b^2} \sigma_{a,p}$$

19: Contributo al rendimento atteso del portafoglio dettato dal rischio del singolo titolo

L'espressione 19 comprende anche l'utilizzo di un investimento rischioso w_b preso come benchmark, ma è sempre possibile utilizzare come metro per il confronto lo stesso portafoglio w_p. Per cui, mettendo a sistema la 18 e la 19, si ottiene:

$$E[w_a] = rf + \frac{\sigma_{a,p}}{\sigma_p^2}\left(E[w_p] - rf\right)$$

20: Equivalenza CAPM e ed espressione costo del capitale con β_s.

Il rendimento minimo richiesto dall'investitore secondo la relazione del CAPM risulta quindi essere equivalente alla relazione 20 nel caso in cui si consideri valutare il rendimento minimo richiesto nel confronto tra investire nel portafoglio di mercato, come benchmark, contro investire nel titolo in oggetto, nell'ipotesi di adottare una strategia di diversificazione.

Secondo il CAPM infatti in un mercato efficiente un investitore razionale sceglie sempre di diversificare il proprio portafoglio, ma in effetti nella realtà non si verifica sempre tale ipotesi specialmente se si considera un impresa privata non quotata in cui l'azionista di riferimento non di rado investe una buona parte o la quasi totalità della propria ricchezza.

Si potrebbe obiettare che per costruire la simulazione sul risultato atteso si integrano numerose informazioni ed analisi non necessariamente disponibili alla gran parte degli investitori, ma in effetti nel CAPM si ipotizza che il mercato sia efficiente in forma forte ovvero che i prezzi correnti riflettono pienamente ed istantaneamente qualunque tipo di informazione sia pubblica sia privata. In altre parole nemmeno chi ha accesso a informazioni privilegiate, sarebbe in grado di battere il mercato usando le informazioni di cui dispone (Sharpe, 1964).

Esistono alcuni lavori, dove si affronta il tema del rendimento minimo atteso nel caso di assenza di diversificazione ovvero considerando l'investimento come indipendente e a sé stante, dove è introdotto il concetto del Total Beta (Butler & Pinkerton, 2006) definito come:

$$\tau\beta = \frac{\sigma_a}{\sigma_b}$$

Il $\tau\beta$ trova applicabilità secondo gli autori nella valutazione d'imprese private non quotate sul mercato.

$$\beta_s = \frac{\sigma_a^2}{\sigma_b^2}$$

Nel proseguire del lavoro si chiamerà il rapporto come general beta che quantifica, con un intento simile al $\tau\beta$, il rendimento minimo richiesto dall'investitore in assenza di diversificazione ed ovviamente nel confronto con un benchmark anche se l'ipotesi alla base di questo lavoro era di partire da una simulazione statistica del risultato aziendale che consideri anche eventi possibili nel futuro, ma mai verificatisi nel passato e non solo dai dati storici, col presupposto di avere quindi asimmetrie informative praticamente assenti. In particolare alla base ragionevolmente si suppone che l'analisi finalizzata ad intraprendere azioni di risk-management è svolta dall'interno dell'impresa con tutte le informazioni disponibili incluse quelle nella mente dei manager che concorreranno all'analisi fatta dall'interno dell'azienda.

3.4 Il costo del capitale dipende dall'investitore

La nota formulazione del CAPM è derivata da un'ottimizzazione della funzione di utilità prendendo un investitore che ben diversifica la propria ricchezza. Nel caso della 14., invece, non si parla di un portafoglio ma in senso più generale si parte da una comparazione di due investimenti ed il comportamento della funzione di utilità dell'investitore per come si presenta effettivamente.

Non si tratta quindi della ricerca di un ottimo ma può essere utile nel caso che la realtà si allontani dalle ipotesi piuttosto stringenti del CAPM.

Nella grande maggioranza delle imprese, si incontrano situazioni dove il proprietario o comunque l'azionista di riferimento è tutt'altro che un individuo che investe in un portafoglio diversificato, ma anzi spesso ha una buona parte o la totalità della propria ricchezza investita in una sola impresa. Tramite la nuova espressione del costo del capitale si può calcolare che valore di rendimento minimo un individuo si aspetta dall'asset dalla situazione specifica dei propri investimenti e della volatilità che esso apporta nella ricchezza dell'investitore.

Dal costo del capitale ovviamente si arriva al valore e non è una sorpresa che il valore dell'impresa dipenda da chi lo valuta, ma in effetti qui si sta dicendo che, a parità di altri fattori, il valore dipende da come l'investitore gestisce il proprio stato di rischio.

Supponendo di trovarsi nel caso dove l'investitore non diversifichi ed abbia la totalità della propria ricchezza nell'impresa w_a la varianza da considerare nella funzione di utilità sarebbe esattamente quella introdotta da w_a, riportando all'espressione già discussa:

$$COE_{RA} = rf + \frac{\sigma_a^2}{\sigma_b^2}\left(E[w_b] - rf\right)$$

21:Costo del capitale risk adjusted per l'investitore con β,

Mentre all'estremo opposto, se w_a fosse detenuta ad esempio da un fondo che ovviamente ben diversifica i propri investimenti, ci si troverebbe in una condizione dove il costo si avvicinerebbe a quanto previsto nel CAPM:

$$COE = rf + \frac{\sigma_{a,b}}{\sigma_b^2}\left(E[w_b] - rf\right)$$

Ceteris paribus nei due casi descritti vale verosimilmente che $COE_{RA} > COE$, ragion per cui si può dire che:

$$\sum_{t=1}^{T} \frac{FCFE_t}{(1 + COE)^t} > \sum_{t=1}^{T} \frac{FCFE_t}{(1 + COE_{RA})^t}$$

In altre parole l'investitore diversificato attribuirà un valore all'impresa, dal punto di vista finanziario, maggiore rispetto a qualcuno che investe tutta la propria ricchezza nello stesso asset sostenendone totalmente la volatilità del rendimento.

Il mondo non sempre è aderente alle condizioni del CAPM, ma nemmeno ci si trova necessariamente nell'estremo opposto. In altre parole la valutazione della situazione reale del profilo di rischio, intrinsecamente sintetizzato nella variabile σ_a^2, è ciò che determina il costo del capitale specifico per l'investitore dettato da quanto rischio introduce l'investimento in questione nella funzione di utilità.

Sussiste una serie di complicazioni operative dettate anche dal fatto che le stesse imprese sono dei gruppi diversificati con diverse business unit o diverse società partecipate impegnate in diversi settori industriali.

Non è obiettivo di questo lavoro dare un dettaglio dei calcoli, ma piuttosto fornire degli strumenti di lavoro nel contesto del ciclo generale di gestione del rischio all'interno di un'impresa, motivo per cui si proseguirà impostando il percorso di analisi e miglioramento del profilo di rischio nel caso di investimento non diversificato dove gli effetti delle strategie di gestione del rischio sono più evidenti.

Esiste ed è ben nota la formulazione del WACC (Weighted Average Cost of Capital), che rappresenta la quantità di rendimento minimo che un'impresa deve ottenere per soddisfare i finanziatori dei propri beni inclusi creditori, soci ed altri investitori:

$$WACC = \frac{D}{D+E}COD + \frac{E}{D+E}COE$$

22: Espressione del costo medio ponderato del capitale WACC.

Dove D ed E sono rispettivamente debito ed equity, COE è il costo dell'equity inteso come nella 15, mentre COD è il costo del capitale di debito ovvero il tasso di rendimento che il debito richiede, ma la netto degli effetti di deducibilità fiscale degli oneri, ovvero:

$$COD = r_d(1 - t_c)$$

23: Costo del debito la netto degli effetti fiscali sugli oneri.

Dove r_d è il tasso di rendimento richiesto dal debito al lordo delle tasse, mentre t_c è l'aliquota di tassazione corporate.

Il WACC è alla base dei metodi più utilizzati nelle stime finanziarie del valore d'impresa ed analogamente a quanto detto prima per il COE si può dire che, in prima istanza, il WACC non subisce gli effetti della gestione del rischio in azienda nel senso che non si incrementa né diminuisce in base alla variabilità dei risultati aziendali perché allo stesso modo parte da un presupposto di investimento ben diversificato. Eccezion fatta per l'eventuale effetto indiretto sulla componente di costo del debito che a volte può essere influenzata da valutazioni fatte dai finanziatori sullo stato di rischio dell'impresa.

Esiste quindi l'esigenza di avere un costo del capitale che sia rappresentativo del rendimento minimo atteso da un investitore anche quando questi si allontana dalle ipotesi del CAPM.

Si può andare incontro a tale esigenza combinando il concetto di costo dell'equity risk adjusted nella 21 ed il concetto più classico di WACC nella 22, arrivando ad un nuovo concetto di costo medio ponderato del capitale che integri anche il punto di vista del risk profile. Il concetto di risk adjusted WACC calcolato come:

$$RAWACC = \frac{D}{D+E}COD + \frac{E}{D+E}COE_{RA}$$

24: Espressione del Risk Adjusted Weighted Average Cost of Capital.

Analogamente a quanto detto per il WACC classico il $RAWACC$ quantifica il rendimento minimo che un'impresa deve ottenere per soddisfare i finanziatori, ma viene sostituito il costo del capitale risk adjusted COE_{RA} al COE semplice. Nella formula viene quindi scontato anche l'effetto del premio al rischio addizionale ARP e per effetto di esso $RAWACC$ viene influenzato dalle eventuali strategie di gestione del rischio. *Ceteris paribus,* infatti, ad un rischio diversificabile più elevato corrisponderà per l'impresa un $RAWACC$ più elevato e vice versa, mentre $WACC$ è influenzato solo dal rischio non diversificabile quindi tipicamente è trasparente all'introduzione della maggior parte delle azioni di gestione del rischio.

3.5 Un esempio dell'effetto sul valore d'impresa

Col nuovo concetto di costo del capitale e di premio addizionale si giunge inevitabilmente ad una nuova concezione di valore d'impresa che è influenzato dalla rischiosità dell'investimento. Sono state mosse diverse critiche al fatto che il costo del capitale come inteso dal CAPM si basi sul fatto che l'investitore abbia ben diversificato i propri investimenti, ipotesi che non necessariamente si verifica nei casi reali, anzi ci si trova spesso nella situazione di avere imprese totalmente detenute privatamente da un solo investitore che investe in esse una grossa parte della propria ricchezza.

Nel caso di assenza di diversificazione sussiste la seguente relazione tra le tre versioni di beta fin qui discusse:

$$\beta_s = \left(\frac{\sigma_a}{\sigma_b}\right)^2 = \tau\beta^2 = \left(\frac{\beta}{r}\right)^2$$

25: Relazione tra i tre beta con mercato efficiente in forma forte

Dove r è il coefficiente di correlazione tra il portafoglio di mercato ed il titolo a.

Risulta vero quindi che β_s equivale al β classico diviso per la correlazione col mercato ed elevato al quadrato. Naturalmente la relazione vale partendo dallo stesso presupposto di mercato efficiente in forma forte utilizzato anche per il CAPM.

Si nota anche che β_s è il quadrato del $\tau\beta$, quest'ultimo infatti, pur avendo un intento simile β_s , per descrivere il costo del capitale in assenza di diversificazione fa l'ipotesi di perfetta correlazione positiva del titolo al mercato ovvero per $r = 1$, dai capitoli precedenti si è invece ricavato come β_s sia dato dal rapporto delle varianze dei rendimenti del titolo e del mercato.

La relazione che sussiste fra i tre beta porta necessariamente a tre concetti diversi di valore al variare delle condizioni dell'investitore.

Presa un'azienda totalmente detenuta da un solo proprietario e, preso un portafoglio di aziende comparabili quotate sul mercato, si ottengono i valori di β e da questo $\tau\beta$ e β_s , come dalla tabella sottostante prendendo come esempio una piccola società di trasporti.

	Usando β	Usando τ β	Usando β_s
Unlevered beta	0,77	2,04	4,16
Debt to equity ratio	14,33%	14,33%	14,33%
Tax rate	40%	40%	40%
Pre-tax cost of debt	7,50%	7,50%	7,50%
Levered beta	0,83	2,22	4,52
Riskfree rate	4,25%	4,25%	4,25%
Equity risk premium	4%	4%	4%
Cost of equity	7,58%	13,11%	22,33%
After-tax cost of debt	4,50%	4,50%	4,50%
Cost of capital	7,20%	12,03%	20,09%

Tabella 1: Esempio di calcolo del costo del capitale per la stessa impresa utilizzando tre diversi concetti di beta

Risulta evidente che, fermi gli altri parametri come il grado di leva, il costo ponderato del capitale subisce un incremento rilevante, andando quasi a triplicare, nel passare dal concetto classico di β fino a β_s.

Da questo punto in poi, applicando i tre diversi costi ponderati del capitale, si può osservare l'effetto sul valore dell'impresa in questione.

Supponendo di avere a disposizione il valore di margine operativo generato dall'impresa, va ricordato che valgono le relazioni:

$$FCFF_{next\ year} = EBIT_{next\ year}(1 - Tax)(1 - Reinv.)$$

26: Relazione tra flusso di cassa ed EBIT

E

$$Value\ of\ Firm = FCFF_{next\ year}/(CoC - g)$$

27: Relazione tra valore d'impresa, flusso di cassa, tasso di crescita e costo del capitale.

Dove CoC è il costo del capitale e g è il tasso di crescita del rendimento.

Tramite le due relazioni sopra si arriva abbastanza agevolmente ad ottenere la tabella con le valutazioni sottostanti a partire dal set minimo di dati iniziali.

Nell'esempio si mostra come la stessa impresa possa creare valore per un investitore che diversifica la propria ricchezza e quasi distruggere valore per qualcuno che ha la gran parte della propria ricchezza investita nell'azienda in questione.

	Vautazione con β	Vautazione con τ β	Vautazione con β_{m}
Ebit (k€)	310	310	310
Tasso di crescita	2%	2%	2%
Return on capital (ROC)	20%	20%	20%
Tasso di reinvestimento	10%	10%	10%
FCFF anno successivo (k€)	170,75	170,75	170,75
Costo del capitale	7,20%	12,03%	20,09%
Valore del business (k€)	3.284,88	1.701,99	943,72
- Debiti (k€)	900	900	900
Valore dell'equity (k€)	2.384,88	801,99	43,72

Tabella 2: Confronto dei tre valori ottenuti applicando tre tipi diversi di coefficienti beta

In tabella infatti la valutazione fatta usando β_s porta ad un valore dell'impresa positivo ma inferiore al valore attuale del debito arrivando quasi ad annullare il valore dell'equity per l'azionista non diversificato.

In sostanza, con l'introduzione di β_s si possono portare dei ragionamenti conclusivi, peraltro simili a già noti ragionamenti sul $\tau\beta$.

Come già sostenuto da diversi esponenti della comunità finanziaria (Damodaran) il valore dell'impresa dipende quindi dal potenziale acquirente od investitore e se ci si trova nella posizione di essere venditori si riuscirà a massimizzare il valore dell'impresa nel caso in cui si riesca a vendere ad un investitore di lungo periodo e che abbia ben diversificato la propria ricchezza.

Nel caso in cui si conduca una valutazione per finalità, anche di tipo legale o fiscale, le assunzioni alla base della valutazione ed il risultato a cui si arriverà dipenderanno fortemente, dal punto di vista del valutatore e dalle condizioni generali degli investimenti del proprietario.

4 Analisi del risk profile

Il profilo di rischio di un'impresa può essere rappresentato come una distribuzione di un risultato aziendale come ad esempio il NOPAT od il ROE come discusso nel capitolo precedente. Al di là delle possibili complicazioni statistiche che si possono incontrare nell'applicazione di tecniche di simulazione come la montecarlo è più utile in questa fase vedere le implicazioni del nuovo COE_{RA} sull'effettivo ciclo di gestione del rischio in azienda e i risvolti che esso può avere sul valore. Si affronterà quindi in seguito il tema del sistema di misura dell'effetto del risk profile sul valore d'impresa per arrivare alle tecniche di miglioramento.

4.1 Economic Value Added come misura di performance

Importante a questo punto è stabilire con quale sistema si va a misurare la performance di una qualsiasi eventuale strategia di gestione del rischio e l'ideale sarebbe esplicitare anzitutto che tipo di legame esiste tra il risk profile aziendale e le performance generali dell'impresa.

In questo contesto è noto il concetto di EVA (Economic Value Added) che è una stima del profitto economico dell'impresa esplicitato dal valore che l'impresa crea in aggiunta rispetto al rendimento minimo richiesto dall'investitore, che sono intesi sia come shareholder che come debtholder. In modo più semplice EVA è la differenza tra il profitto dell'impresa ed il costo di finanziare il capitale dell'impresa stessa. L'idea è che tale valore è creato quando il ROCE (Return On Capital Employed) dell'impresa è maggiore del costo del capitale. EVA può essere calcolato riclassificando di dati contabili dell'impresa ed è espresso dal NOPAT (Net Operating Profit After Taxes) meno il cosiddetto capital charge ovvero il prodotto tra il costo del capitale ed il capitale investito.

$$EVA = NOPAT - WACC \cdot K$$

28: Formula di calcolo dell'Economic Value Added

Dove $WACC$ è il costo medio ponderato del capitale e K è il capitale investito mentre:

$$NOPAT = EBIT\ (1 - Taxes)$$

29: Definizione del NOPAT

Rimane nota la relazione tra EVA ed il Economic Value Added (EVA), dove:

$$MVA = MV - BV = \sum_{t=1}^{\infty} \frac{EVA_t}{(1 + WACC)^t}$$

MVA è semplicemente la differenza tra il valore di mercato totale dell'impresa ed il capitale iniettato dagli investitori, inclusi sia gli azionisti che i creditori.

Naturalmente l'impresa potrebbe creare MVA positivo quindi un valore aggiunto rispetto al Book Value come potrebbe distruggere valore nel caso che l'attualizzazione dell'EVA negli anni sia negativa.

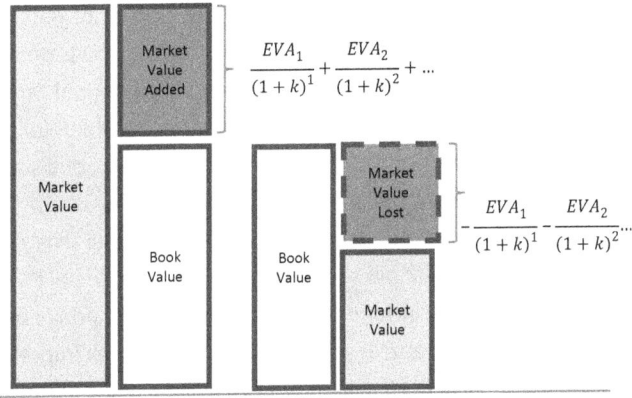

Figura 5: Relazione MVA e Book Value nel caso di creazione o distruzione di valore.

MVA non è una misura di performance dell'azienda e della gestione come EVA poiché il management può intervenire su di esso ma non lo ha interamente sotto controllo, ma mostra la stretta relazione che sussiste tra l'EVA ed il valore dell'impresa nel suo complesso, si può dimostrare infatti che la valutazione di EVA attualizzati fornisce la stessa stima del valore d'impresa rispetto alla più classica tramite il DCF (Discounted Cash Flow).

Spesso le performance in azienda sono valutate basandosi sui cambiamenti dell'EVA di anno in anno piuttosto che sul valore attuale di EVA nel tempo, il vantaggio principale è semplicemente che non è necessario lo sforzo previsionale sui potenziali profitti futuri. Un altro vantaggio sta nel fatto che l'EVA semplice può essere disaggregato a livello di unità organizzativa, divisione, processo produttivo o qualsiasi altro criterio purché nella valutazione ci sia la possibilità di allocare il profitto ed il capitale pro-quota sulle diverse divisioni. Sebbene sia più semplice della valutazione del DCF, focalizzarsi sulla variazione dell'EVA anno su anno potrebbe, in alcuni casi, concretizzarsi nell'avere un valore dell'impresa inferiore a quanto potenzialmente possibile.

Tipicamente può generarsi meno valore se la crescita dell'EVA anno su anno si verifica a spese dell'EVA dei progetti futuri adottando decisioni opportunistiche di breve periodo. Naturalmente meno il valore dell'impresa è legato alle aspettative future sul rendimento di progetti e meno la sua struttura finanziaria è influenzabile nel breve meno il possibile effetto distorsivo dell'EVA si presenta come probabile, ovviamente tutto può essere mitigato andando a misurare il valore attuale dei EVA futuri anziché la variazione anno su anno andando però a perdere in semplicità ed osservabilità.

EVA può anche essere riscritto sulla base del punto di vista dello shareholder come equity EVA.

$$EVA_{eq} = (ROE - COE) \cdot (Equity\ Invested)$$

30: Espressione del EVA per l'equity

Si è discusso di come il concetto di EVA possa essere molto utile nel misurare gli effetti dell'azione del management sul valore, da qui in poi sarà interessante notare, che integrando il concetto di costo del capitale risk adjusted della 13: Nuova espressione costo del capitale risk-adjusted modificato nell'EVA classico, si potrà quantificare l'efficacia delle azioni di gestione del rischio sul valore dell'impresa esattamente come per tutte le altre azioni del management.

4.2 Economic Value Added modificato

In finanza esistono diversi modelli di rischio rendimento che forniscono come risultato principale il minimo rendimento atteso da un investimento dato il rischio associato, si può andare da alcuni modelli già citati come il CAPM fino ad evoluzioni più recenti su modelli a più fattori, ma i principali modelli in uso condividono in ogni caso alcune ipotesi semplificanti riguardo alla condizione dell'investitore che vede sempre un portafoglio diversificato e misura il rischio come la quota di rischio differenziale aggiunta al portafoglio stesso. Esistono anche altri assunti comuni sul comportamento dell'investitore, come il fatto che è caratterizzato da una funzione di utilità quadratica e da rendimenti che si comportano secondo una distribuzione log-normale.

Per quanto detto, spesso vengono introdotte delle correzioni nella valutazione del DCF correggendolo rispetto ad eventuali specificità nello stato di rischio dell'investimento da valutare, tra questi uno degli approcci più diffusi prevede di introdurre degli aggiustamenti nel tasso di attualizzazione corretto secondo la rischiosità specifica dell'investimento.

Come detto sopra è possibile interpretare la 21 come una modalità di stima del costo del capitale in cui non si parte da un ipotesi di ottimizzazione della funzione di utilità nel contesto di un portafoglio investimenti diversificato, ma da una posizione dove si arriva a stimare il rendimento minimo richiesto ad un investimento in base alla rischiosità indipendentemente dal fatto che esso sia o meno in un contesto di diversificazione.

La diversificazione diventa quindi una delle possibili strategie di gestione del rischio funzionale, come qualsiasi altra a ridurre la volatilità nella ricchezza dell'investitore. Si è già discusso in precedenza come sia necessario scegliere un punto di vista, infatti esistono diversi portatori di interesse che possono essere influenzati dalla rischiosità dell'impresa, ma trattandosi di un costo del capitale risk adjusted si dovrà necessariamente partire dal punto di vista dell'azionista di riferimento.

Nel contesto descritto serve una misura di performance che possa integrare ai vantaggi tipici dell'EVA, come il suo legame col valore d'impresa, anche l'effetto dello stato di rischio aziendale sul valore per il socio di riferimento ed in particolare sul rendimento che lo stesso richiede.

Si può introdurre un concetto di EVA risk adjusted che utilizza il concetto di costo del capitale risk adjusted specifico per lo shareholder, esplicitato in precedenza:

$$SVA_{RA} = NOPAT - RAWACC \cdot K$$

31: Espressione dello Shareholder Value Added risk adjusted

Questo valore di SVA_{RA} dipende oltre che dallo stato di rischio dell'impresa anche dallo stato del socio di riferimento ed al rischio a cui lo stesso è esposto in quanto il concetto di COE_{RA} dipende dall'investitore e dalle sue strategie di gestione specifiche.

5 Incremento del valore col risk management

Impostato il modello di analisi e misura il successivo passo nel sistema di gestione del rischio deve essere identificare e valutare l'efficacia delle eventuali strategie di miglioramento impostando anche un sistema di supporto alle decisioni. Dove naturalmente la decisione più importante sarà sulla fattibilità di ogni singola azione di risk management basandosi sul valore che essa può creare.

5.1 Effetti della gestione del rischio sul costo del capitale

Il profitto dell'impresa è quindi una variabile aleatoria descritta ovviamente da una media e da una varianza. La varianza del risultato aziendale può sempre essere separata in due elementi; uno legato alla correlazione con l'andamento generale del mercato ed uno specificatamente legato alle condizioni dell'investitore che possono allontanarsi dalle ipotesi di perfetta diversificazione del CAPM. Per questi motivi vale che:

$$\sigma_a^2 = \sigma_{a,b} + \sigma_{SPECa}^2$$

32: Elementi di aleatorietà in caso di diversificazione parziale o assente

In altre parole significa che è possibile dividere il rischio a cui è esposta l'azienda σ_a^2 nella somma tra una quota non diverisificabile data dalla covarianza con il benchmark di mercato ed una rimanente quota di volatilità specifica σ_{SPECa}^2 che è legata alle condizioni di rischio dell'impresa osservate dal punto di vista del loro effetto sulla funzione di utilità dell'investitore. Tale σ_{SPECa}^2 potrebbe, in effetti, essere diversificata dall'azionista con una distribuzione diversa della ricchezza su un numero sufficientemente elevato di investimenti mentre, per una serie di motivi, nelle casisitche reali spesso ci si allontana da tale condizione e si vedono situazione in cui la diversificazione è non completa o assente.

La variabilità a cui è esposto l'investitiore di rifermento è comunque alla base del calcolo del costo del capitale come rendimento minimo atteso dall'investitore stesso secondo la relazione seguente ottenuta rimaneggiando la 21:

$$COE_{RA} = rf + (\beta + \beta_{SPEC})(E[w_b] - rf)$$

33: Costo del capitale risk adjusted funzione di beta e specific beta

$$\beta = \frac{\sigma_{a,b}}{\sigma_b^2}$$

Dove rappresenta il coefficiente beta secondo l'interpretazione classica del CAPM mentre il coefficiente

$$\beta_{SPEC} = \frac{\sigma_{DIVa}^2}{\sigma_b^2}$$

beta specifico. è simile al beta classico, ma applicato alla quota di rischio diversificabile per l'investitore.

Da quanto detto è possibile riscrivere la 33 come:

$$COE_{RA} = COE + ARP$$

34: Separazione tra costo del capitale CAPM e premio per il rischio addizionale

Il costo del capitale risk adjusted è diviso nella somma tra il costo del capitale in senso classico del CAPM ed un premio per il rischio addizionale specifico per l'investitore ARP uguale a:

$$ARP = \beta_{SPEC}\big(E[w_b] - rf\big)$$

35: Espressione dell'additional risk premium

In un'analisi basata su metodi di simulazione, si può calcolare la varianza diversificabile da un aggregato di fattori di rischio o macro cause di aleatorietà, anch'essi concettualmente delle variabili aleatorie la cui varianza contribuirà a formare quella complessiva. Nel caso che esistano delle correlazioni tra i fattori di rischio in questione, presi N fattori di rischio si può scrivere che:

$$\sigma_{SPECa}^2 = \sum_{i=1}^{N} \sigma_i^2 + \sum_{j=1}^{N} \sum_{k=1}^{N} \sigma_{j,k}$$

36: Rischio diversificabile in funzione della contribuzione alla varianza dei vari risk factor

Per dare un significato pratico ai fattori di rischio menzionati sopra si può dire che per qualsiasi azienda esistono numerose fonti di aleatorietà che possiamo chiamare rischi e vanno da quelli che hanno solamente una manifestazione negativa, di cui fanno parte i rischi assicurabili diretti come l'incendio o quelli indiretti come le responsabilità per danni recati a terzi. In maniera simile anche i rischi di compliance legati a possibili sanzioni, che possono essere di vario genere in base al tipo di attività, possono avere una manifestazione solo negativa, ma tra i fattori di rischio rientrano poi eventi con manifestazioni potenzialmente anche positive come le fluttuazioni di prezzo delle materie prime o delle commodities e il rischio di cambio o di tasso di interesse. Da non dimenticare poi sono tutte quelle aree di rischio di natura strategica legati alle iniziative di sviluppo presenti in ogni azienda, dove chi prende le decisioni rispetto ad investimenti o all'avvio di progetti, spesso usa stime dei risultati attesi, ad esempio sulle vendite, che per loro stessa natura sono aleatorie o influenzate da condizioni generali di mercato nonché dall'economia del paese di riferimento.

Le possibili strategie di risk management che si andranno a tenere in considerazione che potranno avere maggiore interesse se agiscono su quei risk factor che contribuiscono maggiormente alla varianza complessiva, tenendo sempre presente che qualsiasi intervento per il risk management avrà un effetto nel costo del capitale e in particolare si rifletterà in una variazione del valore di ARP.

La maggior parte delle azioni di risk management, dall'assicurazione fino alla copertura del rischio di cambio con titoli derivati per arrivare ad azioni operative, sono mirate a ridurre il rischio inteso come varianza e comportano una riduzione del premio al rischio addizionale dell'investitore ARP, anche la diversificazione stessa si comporta allo stesso modo in questo senso ed è una tecnica di risk management a tutti gli effetti, ma non sempre ci si trova nella condizione di poterla o volerla adottare in senso estensivo anche per motivi di disponibilità economica o opportunità di controllo nell'azienda in cui s'investe.

5.2 Strategie di gestione del rischio

Per esperienza in questo tipo di analisi si riscontra una complessità abbastanza rilevante data dalla mancanza di dati anche se all'interno dell'azienda, specialmente per quei rischi per cui gli eventi si manifestano molto raramente nonché per la necessità di coinvolgere diversi attori che in azienda possono e dovrebbero dare il proprio contributo all'analisi.

Il vero sforzo sta solitamente nell'avere una visione completa del profilo di rischio aziendale analizzando nel dettaglio i fattori di rischio citati in precedenza affrontando oltre a quanto detto anche la mancanza d'informazioni storiche su diversi ambiti.

Semplificando la valutazione di un'ipotetica strategia, dalle coperture assicurative ai derivati fino alle strategie operative, inclusa anche la diversificazione, ci può porre nella condizione di una valutazione differenziale, dove la variabile fondamentale è la riduzione stimata della varianza a fronte dell'introduzione della strategia e non stima del risk profile completo. Tale riduzione di varianza comporterà un vantaggio sul costo del capitale, che nello stesso tempo va confrontato con il costo in termini di risorse impiegate per l'eventuale implementazione della strategia stessa.

Secondo il modello proposto, qualsiasi azione di gestione del rischio ha effetto su due variabili, da un lato l'introduzione della strategia avrà un costo con un effetto verosimilmente negativo sul NOPAT e dall'altro comporterà una riduzione di ARP e di costo del capitale data dalla riduzione della varianza.

Il calcolo dello Shareholder Value Added (SVA) può essere scomposto, infatti, in due termini come segue.

$$SVA_{RA} = \sum_{t=1}^{N} \frac{NOPAT_t - RAWACC_t \cdot K}{(1 + RAWACC_t)^t}$$

$$= \sum_{t=1}^{N} \frac{NOPAT_t}{(1 + RAWACC_t)^t} - \sum_{t=1}^{N} \frac{RAWACC_t \cdot K}{(1 + RAWACC_t)^t}$$

37: Espressione del valore aggiunto risk adjusted per l'azionista.

E con

$$PV\ NOPAT = \sum_{t=1}^{N} \frac{NOPAT_t}{(1 + RAWACC_t)^t}$$

38: Espressione del valore attuale risk adjusted del NOPAT.

$$PV\ CapitalCharge = \sum_{t=1}^{N} \frac{RAWACC_t \cdot K}{(1 + RAWACC_t)^t}$$

39: Espressione del valore attuale risk adjusted del Capital Charge.

Risulta che,

$$SVA_{RA} = PV\ NOPAT - PV\ CapitalCharge$$

40: Espressione del valore aggiunto risk adjusted per l'azionista in funzione di valore attuale del NOPAT e del Capital Charge.

In altre parole EVA è il risultato della differenza tra il valore attuale del profitto NOPAT e il valore attuale del capital charge inteso come il $RAWACC$ applicato al capitale impiegato.

Per diverse strategie tipicamente riguardanti al trasferimento od alle coperture finanziarie del rischio è relativamente più semplice effettuare una valutazione di SVA_{RA} nel senso che il loro effetto sulla varianza stimata dalla simulazione, nonché il loro costo, si manifestano immediatamente ripetendosi negli anni allo stesso modo. Un discorso diverso deve essere introdotto per alcune strategie operative che spesso richiedono un investimento iniziale più rilevante nel primo anno, ma si devono poi valutare anche gli effetti sullo stato di rischio negli anni successivi per valutare a pieno il ritorno sull'investimento in termini di SVA_{RA}. Esempi della seconda categoria di strategie sono tutti gli investimenti fatti dall'impresa per la protezione degli stabilimenti dal rischio incendio tramite degli impianti specifici o, cambiando completamente ambito, la creazione di modelli di organizzazione e gestione atti a tutelare l'azienda rispetto al fatto che possano essere comminate sanzioni amministrative all'impresa.

Presi i due esempi precedenti, vale per entrambi che possano esserci degli effetti negativi sul $NOPAT$ legati al costo della loro implementazione e manutenzione, come per entrambi vale che dovrebbero avere un effetto di riduzione del $RAWACC$ a fronte del loro effetto sulla varianza ma nel caso di un intervento di natura impiantistica esiste verosimilmente un incremento del capitale impiegato dall'impresa anch'esso con effetto positivo sul $CapitalCharge$ e quindi negativo su SVA_{RA}.

Gli elementi di SVA_{RA} da includere, quindi, nella valutazione di una strategia sono sempre quindi tre:

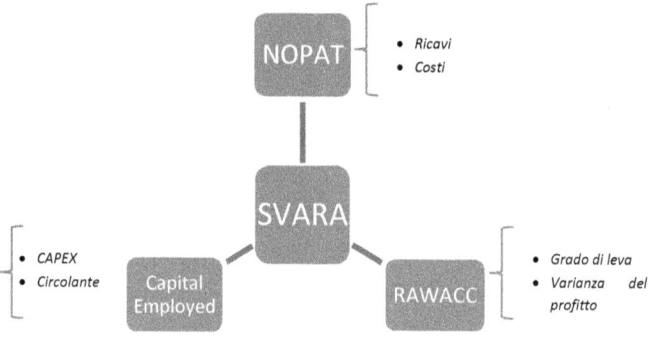

Figura 6: Componenti e determinanti per il calcolo dell'EVA

Ognuna delle tre grandezze è influenzata da delle variabili, come costi, investimenti in capitale fisso e naturalmente la varianza dei risultati su cui materialmente vanno ad agire con la strategia in questione.

Interessante sarà notare, nel seguito, che lo stesso ragionamento può essere impostato non solo per valutare le strategie di gestione del rischio ma anche le iniziative strategiche ed i progetti esistenti in azienda che, allo stesso modo, andranno a creare valore sulla base di come agiscono sulle solite tre variabili.

In altre parole il modello proposto crea una connessione tra la gestione del rischio ed il valore , dove il rischio diventa quindi una delle variabili che interessa la creazione di valore.

In altre parole si chiarire l'efficacia di un strategia con un calcolo del valore dell'impresa in presenza od in assenza della strategia di gestione del rischio stessa, la differenza tra i due calcoli determina quanto valore viene creato o distrutto, in base al fatto che la variazione sia positiva o negativa.

Il modello proposto vuole, infatti, principalmente essere uno strumento per misurare l'efficacia della gestione del rischio in azienda, fungendo anche da supporto decisionale sull'opportunità di implementare o no una determinata strategia di gestione del rischio od anche su come implementarla.

Per il calcolo di detta variazione del valore si possono adottare ipotesi semplificanti poiché si tratta di una valutazione differenziale. Per il calcolo della variazione del NOPAT ci si può limitare solo a stimare l'incremento dei costi legati all'introduzione ed al mantenimento della strategia evitando di calcolare il NOPAT esteso. Esiste un vantaggio applicando lo stesso concetto può essere applicato nel calcolo della variazione del COE_{RA} poiché, al fine di valutare la singola strategia, non sarà necessario esplicitare con una simulazione il profilo di rischio completo, ma ci si può concentrare su quelle aree di variabilità interessate dalla strategia, infatti vale che:

$$\Delta COE_{RA} = \Delta\sigma_a^2 \frac{\left(E[w_b] - rf\right)}{\sigma_b^2}$$

41: Espressione di variazione del COE risk adjusted, funzione di riduzione della varianza.

Si può dire, nella stragrande maggioranza dei casi, che $\Delta ARP \propto \Delta\sigma_a^2$ ovvero che l'effetto del risk management si esplicita nella riduzione quella parte di rischio diversificabile rappresentata nel premio al rischio addizionale, da cui:

$$\Delta COE_{RA} = \Delta ARP$$

Rimane evidente quindi che per calcolare la riduzione di volatilità introdotta da una strategia è sufficiente analizzare il fattore di rischio specifico e come esso è impattato dalla strategia in questione, ad esempio basta una valutazione sul rischio incendio se si sta prendendo in esame la costruzione d'impianti sprinkler ed allo stesso modo serve solo simulare i possibili effetti della fluttuazione del cambio sui risultati aziendali se si sta valutando una strategia di copertura con derivati.

5.3 Uno strumento di supporto alle decisioni

Detto che la decisione sull'implementazione delle strategie di gestione del rischio può essere presa sulla base quanto valore differenziale esse creano per l'investitore.

I due elementi principali di SVA sono quindi il valore attuale dell'effetto differenziale sul Capital Charge, che integra anche gli effetti sullo stato di rischio grazie alla variazione del ΔCOE_{RA}, ed il valore attuale del effetto differenziale sul NOPAT, anch'esso influenzato da ΔCOE_{RA} per l'effetto sul tasso di attualizzazione $RAWACC$. Ogni strategia si identifica con un punto sul piano di ascissa ed ordinata rispettivamente $\Delta PV(NOPAT)$ e $\Delta PV(CapCharge)$ che permette di identificare agevolmente quelle strategie che creano valore.

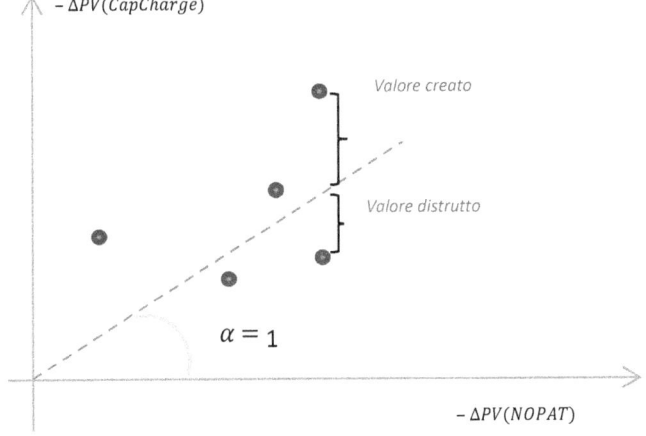

Figura 7: Strategie per cui si crea o si distrugge il valore.

Ragionando su strategie di risk management è utile cambiare di segno sia l'ascissa sia l'ordinata, infatti nella maggioranza dei casi ciascuna una di queste azioni avrà un costo, inteso come un effetto negativo sul NOPAT, ed un effetto di riduzione anche sul Capital Charge conseguente alla riduzione del rischio. Cambiando il segno si riporta quindi tutto al primo quadrante del piano.

Naturalmente non sempre la gestione del rischio porta a sostenere costi in cambio di una riduzione della variabilità, ma ci sono casi in cui si valuta di fare il contrario ovvero di sostenere una variabilità aggiuntiva a fronte di un risparmio. In questi casi la rappresentazione grafica potrebbe adattarsi di meno ma nulla cambia nell'impostazione del ragionamento.

Preso il piano in Figura 7 e supponendo di tracciare la retta che congiunge l'origine con una qualsiasi strategia presa in esame, si può dire che il coefficiente angolare α di tale retta misura il rapporto tra quanto la strategia è impattante sul capital charge e quanto costi l'implementazione. Quando alfa è uguale a uno i due effetti si vanno a compensare perciò non si crea né si distrugge valore ma il valore rimane bensì invariato con o senza l'implementazione dell'azione, ovviamente per alfa maggiore di uno viene creato valore e viene distrutto valore per alfa minore di uno.

Va notato che la performance di una qualsiasi azione rimane sempre il valore che essa crea in termini di SVA, ma la rappresentazione è interessante per comprendere anche con quale sforzo per la struttura si può raggiungere il risultato, osservando con quale effetto negativo sul profitto la strategia ottiene il risultato promesso.

In altre parole è ragionevole dire che, a parità di valore creato tra due azioni, sarà senz'altro preferibile quella delle due che richiederà meno risorse avendo un effetto negativo sul profitto inferiore.

5.4 Un esempio di strategia di gestione del rischio

Seguendo il ragionamento precedente sarebbe teoricamente possibile analizzare e valutare qualsiasi strategia di gestione del rischio in azienda trattando ogni fattore di rischio come variabile aleatoria. L'analisi potrebbe quindi comportare uno sforzo importante dettato dal grado di precisione che si vuole nella quantificazione, più che dal modello in sé stesso.

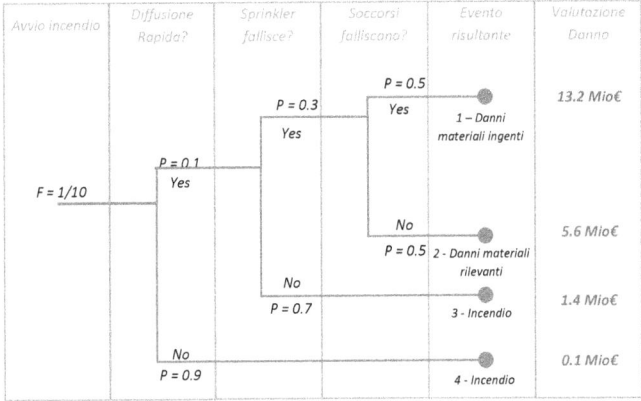

Figura 8: Esempio di Event Tree Analysis (ETA) su rischio incendio

Ammesso che siano disponibili materialmente le informazioni per un'analisi estensiva va sempre trovato il trade-off tra lo sforzo impiegato ed il grado di precisione idoneo al fine di poter prendere delle decisioni.

Supponendo di essere un'industria con uno stabilimento per il quale si vuole condurre l'analisi del rischio incendio, esistono diverse tecniche co le quali è possibile affrontare il problema di quantificare i rischi a seconda degli obiettivi che si vogliono raggiungere e della precisione necessaria, ma supponendo di avere sviluppato una ETA (Wang & Roush,

2000) che espliciti le possibili manifestazioni conseguenti ad un evento scatenante, che in questo caso è il divampare di un incendio.

Si può immaginare che, oltre alle protezioni di tipo operativo ed impiantistico esplicitate nell'ETA, si voglia introdurre una copertura assicurativa per trasferire gli effetti finanziari di questo rischio.

Si supponga dunque di avere a disposizione due alternative nella struttura della copertura stessa in base al livello di franchigia da introdurre. La prima è una strategia con elevata ritenzione di rischio e danno da parte dell'assicurato con franchigia conseguentemente elevata mentre la seconda al contrario prevede una franchigia più bassa; dove ovviamente nel secondo caso il premio richiesto dall'assicuratore è sensibilmente superiore (Tabella 3).

Alta ritenzione		*Bassa ritenzione*	
Massimale	12.000.000	Massimale	12.000.000
Franchigia	500.000	franchigia	50.000
Premio	33.060	Premio	45.600

Tabella 3: Alternative di copertura assicurativa incendio in base all'auto-ritenzione del danno.

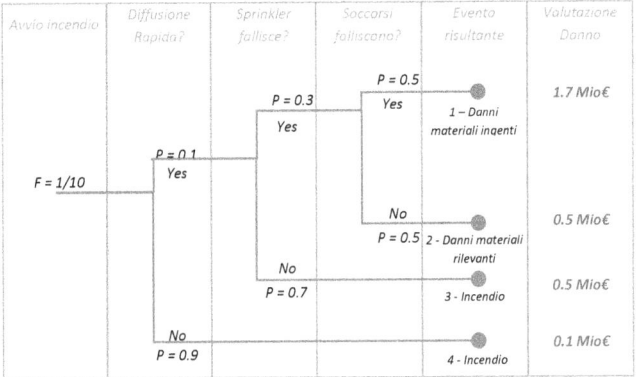

Figura 9: Esempio di Event Tree Analysis nel caso di introduzione di una copertura assicurativa con elevata auto-ritenzione.

Facilmente possono essere ricavati i due alberi ETA nel caso di introduzione rispettivamente della prima o della seconda copertura. Naturalmente l'introduzione di una qualsiasi copertura assicurativa non va ad incidere sulla manifestazione dell'evento, ma soltanto sugli effetti finanziari dello stesso, viene quindi a modificarsi soltanto la valutazione del danno sostenuto dall'impresa.

Considerando questo rischio come una variabile è possibile ricavare i valori di media e di varianza anche nel confronto con l'eventuale presenza delle due coperture assicurative. Tale variabile aleatoria si integra nel risultato aziendale che, come già discusso, potrebbe essere visto come una variabile aleatoria influenzata da diversi altri fattori di rischio oltre a quello nell'esempio corrente.

Sapendo che il risultato atteso in termini di cash flow è di 28

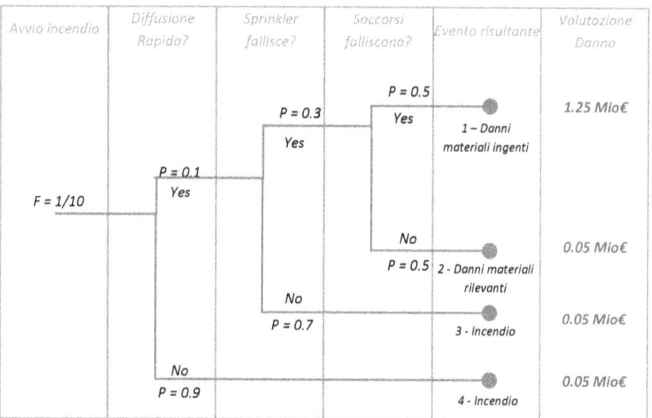

Figura 10: Esempio di Event Tree Analysis nel caso di introduzione di una copertura assicurativa con bassa auto-ritenzione

milioni, che il capitale impiegato è pari a 27 milioni e che non c'è indebitamento si può arrivare al risultato in tabella 11.

# evento risultante	Prob. Evento per Anno	Valutazione Danno	Danno medio	Varianza (%) No assicurazioni	Danno Medio Con Assicuraizone Alta Ritenzione	Varianza (%) Con Assicuraizone Alta Ritenzione	Danno Medio Con Assicuralzone Bassa Ritenzione	Varianza (%) Con Assicuraizone Bassa Ritenzione
1	0,0015	13.200.000	19.800	0,0331%	2.550	0,0005%	1.875	0,0003%
2	0,0015	5.600.000	8.400	0,0059%	750	0,0000%	75	0,0000%
3	0,007	1.400.000	9.800	0,0016%	3.500	0,0002%	350	0,0000%
4	0,09	100.000	9.000	0,0000%	9.000	0,0001%	4.500	0,0000%
Somma			47.000	0,0407%	15.800	0,0009%	6.800	0,0003%

Figura 11: Esempio di calcolo di media e contribuzione alla varianza complessiva per un rischio incendio.

Ricordando che la varianza percentuale è calcolabile come:

$$\sigma_{\%}^2 = \frac{\sigma_w^2}{w_0^2}$$

43: Espressione della varianza percentuale rispetto alla ricchezza attuale.

Entrambe le soluzioni assicurative hanno ovviamente effetto di ridurre la contribuzione alla varianza complessiva del risultato aziendale da parte del rischio incendio preso in esame, in generale infatti nell'introduzione di una copertura si sostituisce un costo certo e fisso in luogo di una possibile variabilità introdotta da un potenziale evento dannoso.

Sono a questo punto necessari alla valutazione anche l'equity risk premium per il benchmark di riferimento e la varianza del rendimento del portafoglio di mercato, tramite i quali si può arrivare a quantificare il valore di EVA generato nel caso di introduzione delle due strategie come mostrato nella tabella seguente applicando la relazione 35.

	Alta ritenzione	Bassa ritenzione
Equity Risk Premium	6,5%	6,5%
Market variance	24,25%	24,25%
Delta variance %	-0,0398%	-0,0403%
Delta Beta spec	-0,1641%	-0,1664%
Delta ARP	-0,0107%	-0,0108%
Delta cap charge	- 2.880	- 2.920
RAEVA Strategia	1.020	- 2.480

Tabella 4: Esempio di calcolo di RAEVA per due strategie di copertura assicurativa.

A livello di risultato finale orientarsi per una strategia di ritenzione del rischio più spinta, con una franchigia più elevata, creerebbe valore mentre una strategia apparentemente più conservativa che trasferisce al mercato una maggior quota di danno in effetti distruggerebbe valore.

Nonostante le due strategie abbiano una fascia di ritenzione del rischio in termini di franchigia molto diversa in realtà hanno un effetto sulla varianza e sul costo del capitale molto simile, di conseguenza la strategia a bassa ritenzione non crea abbastanza valore da compensare il proprio costo e non risulta, quindi, vantaggioso orientarsi su una strategia di trasferimento troppo spinta.

In altre parole si dimostra come il modello proposto può diventare uno strumento di supporto alle decisioni da parte del management andando ad integrare il concetto di gestione del rischio e di costo del capitale ed il valore d'impresa.

6   Conclusioni

Questo lavoro nasce fondamentalmente dall'osservazione di due fatti fondamentali. In primo luogo, trattando tematiche di gestione del rischio d'impresa, ci si rende conto di come le metodologie più tradizionali basate su soglie di accettabilità del rischio o di risk tolerance si scontrano empiricamente con una sostanziale difficoltà nella loro definizione all'interno di un'azienda anche, naturalmente, perché un'impresa di per sé non ha avversione o propensione al rischio, ma la possiedono le persone che la costituiscono e che nutrono interessi su di essa.

Non è infrequente quindi la situazione dove, se si chiede a diversi stakeholder in azienda quale dovrebbe essere il limite di rischio che l'azienda si può assumere, si possono ottenere diverse risposte da ciascuna delle persone a seconda delle percezioni o dagli interessi personali. Senza contare che nel fare una domanda come questa bisognerebbe prima intendersi e condividere quale sia il sistema di misura del rischio, all'atto pratico nei ragionamenti fatti anche tra tecnici si va a parlare della risk tolerance come un limite di danno mentre su altri tavoli lo si lega invece ad un concetto più inclusivo di variabilità dei risultati.

Il secondo fatto riguarda come diversi dei modelli più diffusi di valutazione d'impresa non siano influenzati dalle strategie di risk management e dai loro effetti, motivo che ha reso questi modelli di Asset Pricing oggetto di diverse critiche dato che, limitandosi alla loro applicazione, difficilmente si giustificherebbe l'adozione di qualsiasi struttura o azione di gestione del rischio. Le azioni di gestione del rischio influenzano infatti il rischio diversificabile, parametro tipicamente non rilevante nei modelli di asset pricing.

Esistono anche studi (Liebenberg & Hoyt, 2011) che evidenziano come empiricamente possa esistere una correlazione tra il valore che un'impresa assume sul mercato e la maturità del sistema di gestione del rischio che la stessa adotta come d'altro canto esistono lavori dove, utilizzando ipotesi diverse sul campione di dati utilizzati, tale correlazione sembra non essere confermata.

La differenza in questi risultati potrebbe quindi essere oggetto di ulteriori approfondimenti anche alla luce di questo studio che potrebbe essere utile a spiegare con dati empirici le differenze nei risultati e nella rilevanza del modello di risk management in azienda, tenendo in considerazione la situazione dell'investitore oltre che la maturità del modello di gestione del rischio d'impresa in sè.

La combinazione dei due fattori menzionati ha portato quindi alla proposta di questo nuovo modello che possa diventare uno strumento di supporto introducendo un concetto di valore specifico per l'investitore e che tenga conto anche della volatilità reale che l'azionista sostiene. Sembra plausibile dire che questo lavoro ha due tipi di implicazioni una che riguarda la valutazione di un'impresa anche in condizioni che si allontanano da quelle di diversificazione spinta, mentre una seconda che riguarda la valutazione dell'effetto che il risk management può avere sul valore, entrambi i concetti introdotti rispettivamente nei capitoli 3.4 e 5.3.

Altre future implicazioni potrebbero riguardare l'applicazione del modello alle decisioni sugli investimenti e le iniziative aziendali strategiche in condizioni di incertezza, argomento sul quale esistono diversi studi che partono da presupposti diversi come le teorie sulle opzioni reali. Anche nel contesto di un investimento o di un progetto, il risk management potrebbe essere visto come una delle variabili da governare per la creazione di valore, integrandosi con altri aspetti più tradizionali, e non solamente come un costo che va a peggiorare i risultati dell'impresa.

7 Indice delle espressioni

8 Bibliografia

Butler, P., & Pinkerton, K. (2006). *Company-specific Risk – A Different Paradigm: A New Benchmark.* Business Valuation Review.

Damodaran, A. (s.d.). *Private Firm Valuation.* Tratto il giorno Aprile 1, 2014 da http://people.stern.nyu.edu: http://people.stern.nyu.edu/adamodar/pdfiles/ovhds/inv2E/PvtFirm.pdf

Liebenberg, A., & Hoyt, R. (2011). The Value of Enterprise Risk Management. *Journal of Risk and Insurance*, p. 1-28.

Markowitz, H. (1959). *Portfolio Selection: Efficient Diversification of Investments.*

Roll, R. (1980). Performance evaluation and benchmark errors. *Journal of Portfolio Management, 6*, 7-14.

Sharpe, W. (1964). Capital Asset Prices: a Theory of Market Equilibrium Under Conditions of Risk. *Journal of Finance*, 425-442.

Tobin, J. (1958). Liquidity Preference as Behavior towards Risk. *Review of Economic Studies*(25), 65-86.

Wang, J., & Roush, M. (2000). What Every Engineer Should Know About Risk Engineering and Management. In J. Wang, & M. L. Roush, *What Every Engineer Should Know About Risk Engineering and Management* (p. 69-76). CRC Press.

www.ingramcontent.com/pod-product-compliance
Lightning Source LLC
Chambersburg PA
CBHW051217170526
45166CB00005B/1934